U0067056

AQUARIUS

AQUARIUS

AQUARIUS

AQUARIUS

Catcher

一如《麥田捕手》的主角，
我們站在危險的崖邊，
抓住每一個跑向懸崖的孩子。
Catcher，是對孩子的一生守護。

被禁止的事

所有「不可以」，
都是教孩子思考的起點

羅怡君

【推薦序】

大事小事，都是教養「人」的事

文◎幸佳慧（《用繪本跟孩子談重要的事》作者）

我曾聽一個母親說：「要是養小孩能像做蛋糕一樣，照食譜上精確的度量與步驟做，就能保障製成的品質與效率，那會有更多人願意當父母。」這話乍聽使人莞爾，但其中的挖苦，卻反應了當代台灣教養的困境，浸染了深深的感觸。

畢竟，在現今開放多元的社會結構中，孩子已沒有過去因封閉塑造出的假象保護傘，社會變動之快，也非樣樣問題都是大人可以為之抵擋與代理的。事實上，成人也同在這場考場裡備受考驗，因為台灣過去僵化而單一的教育方式，並沒有提供我們這幾代成人有足夠的能力與膽識，去應付當前全球繁多而迅速的變動。

想想，我們現在每天一早打開報紙與新聞，整個世界的動態就直接衝著我們的精神狀態與生活安危而來。面對命運共同體的種種考驗，成人不免偶爾發出「以前的日子雖苦悶不自由，卻比較簡單……」此種怯懦的囁嚅，我們又如何想像下一代在他們成為青壯年時，會面臨怎樣的壓力與挑戰呢？

面對此等實情，我們更要體認，教育絕非僅止於校園裡的專責，社會也非單一組織能給人民萬全保障的。我們需要更全面性與前瞻性，且不分年齡與地域的公民教育網絡，由家庭、學校、社區、公民社團分進合擊地展開與合作，才能提供新世代更開闊的面相與更具彈性的動力。

而有這樣的體認，學齡前期的家庭教育尤其是關鍵，因為那奠定了一個人的基本習慣、能力與特質，包括他學習新事物的方式，與看待人際與社會運作等價值觀和態度。簡單說，那是一個人能否成為獨立思辨個體的地基底盤。

有了這個底盤，孩子將來在教育體系遇到守舊的暗流與風浪時，不但不會被拖累，也能持穩前行。在離開校園進入瞬變的社會後，一個人保有持續的好奇心與柔韌的變異性，才是他生存的保障，在正面看待社會共承的問題之餘，也能享受生命之美好。

台灣目前有些教養改革者看到了上述問題，也想從根本處改變。《被禁止的事》作者怡君便是一例，她不高估自己，也不小看孩子，帶著孩子觀賞盛開的花，也翻開園裡許多禁忌的石頭，查看那些不被思索、青睞或鼓勵探索的陰暗角落，仔細看待它們與這塊苗圃的連帶關係。

怡君紀錄自己養育孩子所遇到的實境與當時自己的應對，她不侷限於個體，時時把群體與大環境納入，在實境之外補充不少後設的省思，有時深入，有時淡寫，有時邀請讀者一起想想。這種書寫很是真誠，比起主觀限定的答案，其實來得更寬闊，更能鼓勵其他父母勇敢地越過禁止的黃線，試著探索。

我們不得不承認，台灣因為一些過往歷史埋下的衝突還沒解開，正義也沒完全轉型，以至於父母對於一些重大議題習慣避免，久而久之，教養也就淪為簡化的「機械性競爭」，而非「高貴人性的探索」。

然而近年，台灣社會已共同經歷許多重大事件：二二八平反、核能安全、三一八學運、性別平等、國族認同，種種大規模的運動與討論已經推著它來到一個重要時刻，彷彿它也殷切等著更好的世代，歡迎它從囚蛹羽化成彩蝶，或等不及從鐵鍊掙扎而出，成為一隻暢遊大洋裡的海鯨。

因此，對我來說，我雖然因時下沓雜的新挑戰憂心，卻也為下一刻即將到來的蛻變與自由而雀躍。好食譜的重點，不在於冰冷堆疊的數字，而在於它能讓讀者理解食材、烹調法之餘，還能將飲食與健康、環境、文化種種一併考慮在內的人性溫暖。而《被禁止的事》這樣一本書，將小事大事都看成是我們教養人的事，何嘗不是一本養出好公民的好食譜呢！

怡君認真看待孩子每個回應，誠懇反思她自己的反應，這種態度尤其讓我敬佩也感動。讀後，我不禁在心中喊著：「如果每個教養者都這麼認真，那麼這社會肯定會好得——讓很多人都想搶著當父母吧！」

我們雀躍等待、認真活著，為了美麗的下一刻。

【自序】社會共好，孩子才能真正幸福

因為你，我決定成為全世界最自私的人。
我想要你快樂，所以你身旁的人不能悲傷；
我想要你健康，所以陽光空氣水都要自然純淨；
我想要你平安，所以你行走之時大家要守規矩。
我想要你成就時，有不嫉妒你的人可以分享；
你難過時，有善良的人陪你一段時間；
你憤怒時，有智慧的人可以和你分享經驗。

我希望你能放心地相信別人、不需要小心拿捏尺寸，
以後我不在的時候，你才會一點也不覺得孤單。
一切都是因為你，
要你好，就要別人一起好。

媽媽真的很自私，自私到自大了起來，
要這個世界，邁向理想中的烏托邦；
我的愛不多，只夠為你，改變社會。

那些街頭流浪的人，也許會惹你傷心難過；
那些痛苦掙扎的孩子，也許將懷著憤怒之心長大；
那些找不到自己價值的人，暗夜徘徊使你也懷疑自己起來；
那些受到壓迫的人，只好瘋狂行事才能活得下去。
找不到正直的人可以依靠，
找不到溫柔的人可以陪伴，
你又怎麼能自己好好地，獨立於世外不相干地活著。

啊，這些事情我怎麼能不管？
每一件事都與你息息相關。

一切都是因為你啊，我的寶貝。
一個媽媽只能這樣，
十個媽媽也是一樣，
千百個媽媽都會這樣，
直到我們的孩子互相遇見，走在一起，
並快樂地生活在同一個地球上。

我的浪漫很實際，
我的夢想很具體，
我的願望就是我的下一步。
如果這世界上每個人都很幸福，那你怎能不覺幸福？

此書獻給我的人生伯樂——Shan
一位令人尊敬的親密伴侶

Part 1
在家裡，還有關於自己的事

目錄

《被禁止的事》

Part 2 在學校發生的事

Part 3

在生活周遭的事

目錄

《被禁止的事》

「原則」觀念的深耕

Part 4
在電視裡看到的事

目錄

《被禁止的事》

Part 1

在家裡，還有關於自己的事

透過思考，學習判斷

可不可以請假出去玩？

小孩：「我不喜歡跟大家不一樣。」

或許是過往經驗使然，對我而言，「可否請假出去玩」是從來無須考慮的問題，沒想到竟意外地引起家人們一陣熱烈討論。

事情是這樣的，新兒童樂園開幕後，聽聞每天都是以千人計次進場，而學校原本安排了校外教學，卻剛好遇雨取消。一向愛玩嘗鮮的我立刻許下心願：

「妹妹，找一天請假，媽媽帶你去好好玩，不然週末一定擠死了，而且半年之內一定都是這麼熱門的。」

本來預期妹妹會高興得跳起來抱住我，但是「戲並不是這樣演的」。她冷冷地看了我一眼，回了一句：「我不想請假，我覺得這樣不好。」

被潑了桶冰塊的我摸不著頭腦，反問：「哪裡不好？會怎樣嗎？」

「這樣還要補功課，而且老師應該不會答應。我們不能週末去嗎？」

果然是謹慎、不愛變化的個性，對妹妹來說，這樣的安排似乎先帶給了她困擾。

「當然可以週末去，但是我以為你不喜歡人很多、很擠的感覺，而且媽媽也覺得這樣比較能夠放鬆，好好地體驗。上次你腳扭傷請假三天的功課也很少，這次只有半天，功課應該不是問題吧？」我小心翼翼地回答。

「是這樣沒錯，但我就是不喜歡跟大家不一樣。而且要問老師，老師一定不答應的。」

看來，對老師反應的顧慮才是問題的核心。

「沒關係，你再想想。你覺得好，答應了，媽媽才會這麼做。別擔心。」

我暫且不做決定，因為她的回答引發了我更多想法。

請假出去玩，「怪怪的」？

我打算先問問一向比我開明的老公意見，沒想到他聽完，竟然和妹妹如出一轍。

「不能週末去嗎？我也覺得請假不太好。」

先壓抑著下巴快掉到地上的反應，我反問：「什麼不太好？可不可以多說一點？」

這輩子都是循規蹈矩的優秀爸爸想了想，「就覺得上課請假出去玩怪怪的。」

我繼續追問：「但是去年幼稚園請假兩個禮拜去台東旅行，你卻贊成？」

「嗯，也許我覺得幼稚園和小學不太一樣吧。幼稚園時期就是讓小孩開心玩啊！上小學之後就不太一樣了。」

我沉默了一會兒，才回答：「開心是一輩子的事情，為什麼上小學之後就忽然跟幼稚園的標準不同呢？小學課業的確比較多，但是小孩的學習能力也隨年紀增加啊！這次請不請假都沒關係，不過我們要想一下，不能請假的原則背後是什麼邏輯？」

老公一點就通，說他想清楚後再來討論一下。

好吧，我想聽聽老師的說法。

你覺得這個想法怎麼樣？

隔天放學時刻，等老師都把學生送出教室了，我當著妹妹的面請教老師：「老師，如果我們想請假出去玩或旅行，你覺得這個想法怎麼樣？」

老師想都沒想就回答我：「很好啊，只要爸媽有計畫跟孩子在一起，帶小孩出去看更多東西有什麼不好？你們要請幾天啊？三天夠不夠？」

「嗯，其實只是想星期五請假半天，避開人潮去兒童樂園，不是什麼大計畫啦。」

我偷偷瞧了旁邊的妹妹一眼，一如往常冷靜的她臉上沒有表情。

「沒問題啊！看什麼時候，再叫孩子提前說就好了。」老師爽快極了。

其實，我刻意避免使用「可不可以」這樣的詞，因為我希望讓妹妹知道，最後的決定是我們自己下的。我們可以參考很多人的意見，但不需要經過任何誰的「許可」才能做什麼事。

「請假出去玩」，挑戰原則和底線

回家後，剛好接到我媽來電，聊天時，我興沖沖地告訴她準備週五請假去兒童樂園，沒想到立刻招來一頓碎念。

「你喔，自己愛玩就算了，現在上小學了，你不要影響她，到時候她的心玩瘋了，看你怎麼辦！」

跟自己的媽媽，我當然就沒好氣地頂回去：

「不能又會玩又會念書嗎？學習就是坐在教室裡才叫學嗎？玩瘋了就是因為玩不夠啊！我玩夠了怎麼會瘋呢？不跟你說了啦！」

真的萬萬沒想到，這個問題挑戰的是每個人潛意識裡對孩子的期待、對教養的底線、對學習的定義，甚至是對規矩的認知。

好吧，今晚召開家庭會議。

分析和討論之後，決定權交給孩子

老公首先發難問妹妹：「先不管請假這回事，你到底想不想去兒童樂園玩？」

妹妹立刻點點頭。

「那人比較多跟人比較少的情況，到底對你重不重要？」我接著問。

「嗯……我真的不喜歡人很多的地方，我會很煩，很緊張。」

我對她的了解沒錯。

「兒童樂園人一定很多，那你想不想因為這樣放棄去兒童樂園玩？還是你可以等半年後，也許人比較少一點？這樣也可以。」

我認為她有權利決定不想去，她若想放棄，那麼我也無須多此一舉。

「我還是很想去啊！半年很久，而且一定還是很多人。」妹妹毫不遲疑。

「那麼，除了請假之外，你有沒有想到別的辦法？」爸爸又再問。

妹妹沉默地搖搖頭。

「之前你擔心的問題，老師的回答你也聽到了，現在你自己做決定要不要請假去，因為你必須事後要補齊功課。」我最後請她決定。

妹妹點點頭。

於是，我們按照計畫請假去玩。不意外地，那天樂園裡沒什麼人，早上十一點前就像包場一樣。

老師後來說，當同學問起為什麼妹妹沒來，她跟全班同學宣布妹妹請假去兒童樂園玩的時候，大家發出「啊~好好喔」的嘆息聲，連老師自己都覺得很好笑。

爸媽腦力激盪，溝通出一致原則

不過，我和老公之間的討論並未結束。我們互相給更多情境題，以確認共同建立的原則背後，所依據的價值觀能否前後一致、適用於未來。

比如說：

「小一請假半天也許功課還好，那麼到了小六呢？你還覺得可以請假去玩嗎？」

我的答案是肯定的，因為「玩」只是一個通稱，任何生活體驗或活動都可視為學習。如果我們認為遊戲或旅行對孩子很重要，那麼不會因為上了小學、中學之後，就變得毫無意義。但前提是當孩子本身沒有意願或興趣時，我們不會主動安排，請不請假這個問題不會存在。

「這次剛好老師同意，如果遇到的老師持反對態度呢？」

這個問題沒有絕對答案。

若老師反對的理由是剛好會缺席某些考試或活動，那麼調整日期即可；若老師反對的理由是會跟不上功課，那麼我們就提出補救計畫請老師放心。若老師只是覺得就是不喜歡，那麼我們會更尊重孩子的意願，因為每天與老師朝夕相處的是她，她喜歡活動多過於承擔老師的情緒風險，那就請假；若她評估後覺得沒有必要讓自己惹上麻煩，那就作罷。

有些活動機會錯過就不再，有些活動哪年參加都可以，這也是評估指標之一。

我們最後達成共識，不再認為請假去玩是「荒廢課業」。尊重老師，但卻不只是請孩子服從權威，請求許可，而是將所有因素攤開來分析、討論，請孩子自行評估後，下最後決定。

人生，就是一連串不同的選擇，取捨當中就是判斷。只憑直覺式的「不能請假出去玩」，反而忽略了這個有趣的題目。

每對父母營造的家庭環境和價值觀不同，孩子的個性和興趣也大異其趣，不妨哪天也來討論看看——沒有標準答案的情境題，也許能讓自己的教養原則更完整、更清楚呢！

★思考的延伸……

● 學習的定義是什麼？有一定的形式嗎？

● 孩子最喜歡的學習方式或氣氛是什麼？你的觀察、老師的觀察和孩子的答案，一樣嗎？

● 孩子對於請假的看法如何？為什麼他喜歡（或不喜歡）請假？

●「出去玩」怎麼玩？是配合家長的假期，還是孩子的興趣？

● 該如何從各種「玩」當中，更了解孩子的特質？

● 別人覺得這樣做不好，那你自己的意見呢？你會因為自己的想法不同，而感到不安或害羞嗎？

獨立，從八塊錢開始

可不可以幫我買半票？

小孩：「我長大了，要帶自己的嗶嗶卡！」

習慣了六歲以下、一百一十五公分以下學齡前「免費」的優待期間，當妹妹慶祝六歲生日的同時，我心中不禁感嘆：「六歲啊六歲，什麼都要開始付錢了呀！」同時間，妹妹期待已久的悠遊卡和數位學生證發回來了，她興高采烈地拿來告訴我：「媽媽，下次出門帶我去存錢在這裡面，我已經長大了，我要帶自己的嗶嗶卡坐車和借書喔！」

媽媽的心情，就是這麼複雜。

一方面欣慰小寶貝轉眼間長大，漸漸地想要擁有「自己的」東西，建立自己的個人識別；看著孩子開始運用學到的新詞彙、生活技能，一點一滴地建構與這社會的連結；陪著她一起擁有那生而為人的成就感。

另一方面，卻像腦中永遠有個算盤的歐巴桑，對於向六歲孩子索價的任何團體開始斤斤計較起來：跟全票往往相差無幾的孩童票，真的也把孩子當半個大人對待了嗎？

大家真的都這麼遵守規定？

六歲生日蛋糕吹完蠟燭的隔沒幾天，搭公車去上舞蹈課，一如往常地下車投票時，我照例拿出悠遊卡「嗶」了一聲，然後拉著妹妹下車。

沒想到門一關上，妹妹突然大叫：「媽媽，我六歲了，忘記帶悠遊卡付錢了耶！」

這時，候車亭行人的眼光不約而同地投在我身上，面紅耳赤的我趕緊拉著她大步往前走，這感覺丟臉極了，說得像是我貪小便宜似的。

妹妹邊走邊懊惱地說：「我都忘記帶了，媽媽，下次你也幫我記一下。」

「好啊，一開始很不習慣，我們不是故意的嘛，下次我們一定要記得。」

雖然我嘴裡說得乾脆又大氣，但是心中不免閃過一絲念頭：大家真的都這麼遵守規定嗎？滿了六歲就自動投錢？

接下來這段日子，我不禁小心眼地開始觀察身邊的小孩們，看到可能跟妹妹年紀差不多的孩子就多注意一點，瞧瞧他們到底搭公車、捷運有沒有付費或投錢，結果一個禮拜下來根本沒有幾個。但媽媽必須給孩子「良好身教」這個至高原則讓我啞巴吃黃蓮，連跟妹妹小小抱怨可都不行。

不過，孩子很厲害，隔沒多久就發現這個矛盾了。

別人看不到的地方，才是自己的價值觀

「媽媽，我今天有問其他同學，卡片裡有沒有請媽媽存錢在裡面（儲值），結果他們都沒有耶，而且搭捷運、公車也都沒有付錢喔，還有人說她媽媽說先不用啦！」

「嗯，你有問原因嗎？你覺得為什麼會這樣？」雖然我心中有點竊喜她也發現這個事實，但下一秒隨之而來的，卻是煩惱該怎麼解釋貪小便宜的心態。

「我沒有問啊！我想他們也不知道吧。」妹妹毫不在意地回答。

「喔，那你現在還是決定要付錢嗎？其他人沒付好像也沒怎樣喔！」

邪惡的媽媽犯了教養大忌，不應該出這種無聊的測試題，只是當時真的很想「實

驗」一下。在此我特別聲明，這是非常不好的引導方法。

「可是我六歲了啊！我長大了，應該要投錢。這跟人家又沒關係。」妹妹理直氣壯地回答，似乎深怕我也希望她跟別的同學一樣。

「很好啊，你別那麼激動嘛。別的同學媽媽可能太忙了沒注意到，我們就做該做的事，當然不需要跟別人一樣。」我連忙澄清立場。

妹妹一副放心不少的表情，接著又拿出她的悠遊卡反覆看半天，才小心翼翼地收進書包。她沒有想太多「別人為何不買票」，完全沉浸在自我成長的喜悅裡。

我在旁邊欣賞這個過程並下了決定：我的孩子正在建立自己的價值觀，不需要刻意用別的負面干擾挑戰她的決定，因此這次先不跟妹妹討論其他人為何不這麼做。

只有在別人看不到的地方，仍然做該做的事，維持自己原本的決定，那才是修養，那才是自己的價值觀。這些行為不是為了別人的正面評價，而是發自內心地認為就該這麼做。

買半票，是對孩子「長大」的獎勵勳章

我問自己，八元公車票、捷運兒童票的價錢，能讓孩子意識到自己開始被視為獨立個體、不再時時是父母的附屬品，這個代價算得上「貴」嗎？

口口聲聲期許孩子獨立自主的大人，若在這個時候說「不用票啦，你還小啦」的話敷衍過去，只為了貪小便宜省點小錢，那麼言行不一的大人，是不是也讓孩子跟著錯亂？我們總不會在希望孩子可以自己吃飯、洗澡、上學的同時，又在某些時刻讓他們覺得渺小起來。不被重視的感覺，又怎麼能鼓舞孩子感受成長的喜悅？

買票，其實就是種孩子長大的榮譽感，也是給孩子的另一種獎勵勳章。

在現實環境裡，除了搭車之外，不免也有消費很貴的兒童票，但卻沒有照顧到兒童的需要，讓家長在大喊吃不消之餘，也覺得不甚公平。

我們可以質疑收費擬定標準，也可以挑戰收費與實質消費的內容是否相符，不過在這之前，我們都必須遵守目前現有的規定，向孩子示範遵守社會建構起來的秩序。

其他事情也是相同道理，規則不是依照個人判斷，認為合理的（便宜的）就付，認為不合理的（或是較貴的）就選擇逃避。這樣的行為看在孩子眼裡，等於告訴他也能隨意挑選想遵守的規範，這麼一來，沒有原則的教養、隨心所欲的自我合理化，都會讓父母在孩子眼中權威盡失。

儘管做父母的都不是聖人，但事情該怎麼往好的方向發展，盡量給孩子最好的示範，就是我們身為父母最該優先考量的條件。

把握這個原則，十之八九就不會錯了。

◎妹妹的心聲

拿著自己的悠遊卡借書、坐公車和捷運，會讓我覺得自己很厲害，可以「處理」很多事情。還有之前遇到第一次餘額不足、過不了門的時候，大叫媽媽問怎麼辦的害怕心情，我一定會永遠記得的！

★思考的延伸……

- 若你的孩子也想跟別人一樣買票付費，該怎麼辦？
- 去遊樂園或餐廳時，你會因為一點身高差距就要收費，而向店員說情或爭執嗎？這帶給了孩子什麼訊息？
- 我們平常希望孩子「守規矩」，那麼，不買兒童票算不算「不守規矩」？守什麼規矩，是可以自己選擇的嗎？

正面迎向情緒挫折

可不可以不當志工媽媽？

小孩：「因為我看到你，就想跟你回家啊……」

我真的是一個很愛跟孩子「作對」的媽媽。

妹妹小一開學後，學校發下志工意願調查表，我填了「故事媽媽」這項，沒多久便開始隔週五到孩子班上說故事。原本以為這樣說不定能幫助妹妹更適應學校生活，畢竟她可是全校新生開學時，唯一哭著要媽媽的孩子啊。

開學一個禮拜後情況穩定許多。不料，第二週我到班上說晨間故事時，妹妹一個小時都無法坐在位子上，只從背後緊緊抱著我，從頭到尾紅著眼睛；等我結束故事準備離開，她更是在教室外面放聲大哭。

老師也覺得莫名其妙，一般來說，孩子看到自己媽媽來都會更安心，妹妹的反應她也是第一次碰見。

安撫幾分鐘後，妹妹勉強進了教室。老師說她後來上課一切正常。

接妹妹放學時，我開口聊起這件事。

「今天早上你怎麼了啊？」

「媽媽，你可不可以不要當志工媽媽？又不是每個人都要做，其他人的媽媽也沒有這樣啊！你不要來好不好？」妹妹馬上提出要求。

「你要不要先說說為什麼？我再考慮。」

我沒有馬上回絕，但是她的反應的確出乎我意料之外。

「因為我看到你就會想哭啊，就會想要跟你回家啊！」

「為什麼會想哭？是因為我故事說得太差？我長得太醜？還是跟幼稚園一樣的那種，捨不得分開喔？」

我故意耍個寶，想協助她多說一點感覺，我知道這不太容易。

「就是……你出現在不該出現的地方啊！我感覺很奇怪，然後就會想跟你黏在一起，但是又要分開所以就哭了。」妹妹終於說出關鍵句。

我哭笑不得。出現在「不該出現」的地方？不過我大概知道那種感覺了。

當晚，我掙扎許久，想了很多，最後做了決定。

沒關係，我們一起來找出方法

睡前說完故事後，我特地把妹妹抱在懷裡告訴她，我決定繼續當故事媽媽。

「為什麼你還要去？這樣我會哭耶！」妹妹聽完很失望。

「這是媽媽很想做的事情，我很喜歡說故事給小朋友聽，所以不會輕易放棄這個機會，就像你也不會隨便放棄想做的事一樣。不過，我也很在乎你的感覺，所以我們來想想怎麼樣你才比較不會哭？」

「不要啦，我一定會哭的啦！」妹妹果然馬上又哽咽起來。

「你要開始把媽媽當練習的對象。未來你不可能要求所有人都為了你改變，當情況無法改變的時候，那我們要怎麼讓自己克服那種感覺？你當場想哭就哭，盡量哭都沒關係，我們來找出方法。」

說這些話時，我把妹妹抱得更緊，我希望肢體語言能替我傳達支持訊息，畢竟我希望妹妹能「面對」並處理這個情結。

我們一起想了幾個方法，像是：妹妹先當小幫手站在旁邊；結束時，在教室外抱一會兒再離開；準備說的故事不要是家裡說過的，這樣她現場可以轉移注意力。

對了，我還得取個綽號，因為她聽到「媽媽」這個關鍵字就會想哭，所以我請同學們叫我「奶茶阿姨」。

最重要的是我不斷強調，結束時她想哭就哭，我絕對會抱著她，等她哭完才離開，絕對不生氣也不催她。

幾種方法一起「治療」，一個學期下來，妹妹有顯著的進步。從黏在我身後不肯露臉，到真正成為走來走去的「小幫手」；從教室外哭五分鐘，到抱三秒鐘就可以進教室；現在有人不小心叫我「某某媽媽」，她也不會有什麼情緒反應了。

至於故事嘛，現在都是她精挑細選先聽過之後，才會推薦給同學喔！

你為什麼想哭呢？

另一件事情也有異曲同工之妙。

每天早上送妹妹上學，在校門口揮別後，我會目送她的背影轉進走廊才離開。

不料，有天她突然回頭看到我還在校門口，竟轉身衝向我哭了起來。我感到困惑不已，都半個學期了，這又是怎麼回事？

隔天情況也差不多，回頭看到我還在，她揮手要我快點離開，接著又開始哽咽哭泣。

好吧，看來不是星期一症候群的關係，需要再聊一聊。

「媽媽，你為什麼都要站在校門口看我？你可不可以馬上離開啊？」我都還沒開口，放學一接到妹妹，她立刻發問，應該是母女很有默契吧。

「拜託，我從開學到現在都是這樣，為什麼突然又不能站在校門口？」

「因為我回頭看到你會想哭啊！你趕快離開就好了。」妹妹回答。

「你很奇怪耶，我要什麼時候離開是我的決定，我想看你安全轉進走廊再走啊！你想哭是你的問題，自己不要回頭看不就好了。什麼都想著先改變別人，到底這是誰的問題啊？你應該思考的是為什麼你想哭才對吧！」我一串連珠炮地回應她。

妹妹一時語塞沒說話，從那天起，她就沒有回過頭。

一直到學期快結束時，突然有天她回頭看我，微笑跟我再說一次拜拜，我知道她沒事了。

「作對」，陪孩子度過情緒撞牆期

答應孩子轉換情境是最簡單的辦法，而要跟孩子「作對」並不容易。除了得忍住自己不捨的心情，更要按捺住中途放棄的情緒，陪著孩子度過情緒撞牆期；然而，一旦撥雲見日，孩子過了自己那關，內在控制情緒的「功力」會更上一層樓。

以往談到「挫折」這回事，我們大部分都把焦點放在求學考試、求職升遷，直到近年來發生多起情殺事件，才讓我們開始注意到人際上、情感上的挫敗，是最隱晦不顯、難以深入處理的心靈荒蕪之地。

也許有人認為孩子還小，這種做法可能會讓孩子受傷。就自然事實來看，這些情境並非我刻意製造，而是因為孩子本身的個性和想法，才會有這樣的挫折出現，那麼就應該正視這些事件的處理方式，而不是刻意忽略或繞過讓孩子逃避問題，再安慰自己「以後長大再處理」。

每個年紀都有要做的功課和練習，一旦時機過了，也許就沒有學習效果。

挫折可能引起負面連鎖反應，但也能因為正面引導挫折經驗，幫助孩子了解自己脆弱的那面，而變成進步的力量。這些小小的「成功經驗」，在未來遇到更大挫折或困難時，就是孩子給自己的信心基礎。這些基礎不是爸媽給的空泛鼓勵，而是具體的回憶和經歷。

與孩子「作對」，並非只有作對，還必須讓孩子感受情感的支持、協助孩子想出解決辦法，並給孩子時間，用自己的步調克服困難。

「山不轉路轉，路不轉人轉，人不轉心轉」，這是我想給孩子的一堂課，只是這堂課難以言喻，自己轉過一次，就知道是怎麼回事了。

◎妹妹的事後回想

那時候我叫自己忍住不回頭看，可是用力忍住的時候還是有點想哭，後來習慣不回頭之後，就慢慢不用忍也沒感覺了。而且故事說完，你走之後，同學都會圍過來問我：「怎麼了？為什麼想哭？」我說不出來那種心情，也覺得他們不會了解，一直被問覺得好煩，以後還是不要哭好了。

★思考的延伸……

● 每次感到挫折、難過的時候，孩子最常說的話有哪些？最常使用的發洩方式是什麼？發洩完後，對情緒或事情有正向的幫助嗎？

● 我們有沒有示範正確處理情緒的方法？還是其實也跟孩子差不多？

● 和孩子聊一聊，什麼事情可以讓自己開心起來？什麼訊息可以讓自己更有信心？當孩子心情不好的時候，希望我們怎麼協助？

養成自主管理的能力

一定要這樣處罰我嗎？

大人：「你再不乖，就不准你做喜歡的事！」

有位好朋友開心地和我分享，最近她終於找到了有效的「管教之道」。「現在當小孩不乖或是要他守規矩的時候，我只要跟他說，他不聽話，就不能去玩球或是不能看卡通，一聽到這些自己喜歡做的事情可能被取消，他就會立刻安分下來，都不用罵也不用念喔！」

我一聽，皺起眉頭大喊：「好爛的方法喔！我要是小孩的話超討厭這種感覺。我會覺得被背叛耶。」（用這種口氣說話，小孩當然不在現場。）

這個跟我十年交情的朋友早就習慣我的各種反應，沒好氣地問：「又怎麼會扯到背叛啦？」

我感到超級委屈地說：「因為我讓你知道我最喜歡什麼啊，結果你利用這個來威脅我、控制我，會讓我覺得不公平也很受傷。這樣以後誰想讓你知道更多啊？」

當然，我那朋友賞了我一頓白眼。「最好小孩會想這麼多！」

我們決定各自回去問自己的孩子，聽聽他們怎麼看這件事。

小孩：「你這樣說，以後我也不會自己收啊！」

原本我打算直接開口和妹妹聊聊，但又深怕語言掌握不易，讓細心敏感的妹妹察覺我的動機，所以只好等待適當時間「實驗」一下。

晚餐後，我請妹妹整理她的房間，沒想到這位小姐攤在沙發上一副懶得動的樣子。我靈機一動，這不就是實驗的大好時機？於是立刻祭出懲罰條款。

「好吧，剛吃完飯，你休息一下，不過要是八點前沒收完房間，今晚電視時間就沒囉！」

妹妹瞧了我一眼，萬般不情願地翻下沙發，嘴裡不知嘟囔什麼整理房間去了。

我心想，這招真的好有用，以前忍住不用是不是錯了？

趁著睡前說故事時間，我裝作不經意地問：「今天晚上媽媽一說，你馬上就收房間耶，很不錯喔！不過，你那時候嘴裡在念什麼啊？看起來好像不太開心？」

妹妹很不高興地說：「不然就沒電視可以看啊！這兩件事又沒什麼關係。」

「是沒什麼關係，但是這樣說你就有反應啊，否則你一定又拖很久吧？不然要怎麼說？你來當媽媽，你教我。」我繼續往下挖。

「可是我覺得房間沒有很亂啊，幹嘛一定要今天收？而且你這樣說，以後我也不會自己收啊！」看來有放話的意思。

睡前不宜爭論，趕緊親親抱抱道晚安。

我猜得果然沒錯，這種方法真的有問題。

至於我的朋友，她回去後選擇直接問孩子感受，畢竟她都直接採用這種管教法，應該不用做什麼實驗。

這樣的懲罰，傷透了孩子的心

我們再度碰面，說好了要交換心得。

朋友迫不及待地開口：「我那天問我家兒子，他沒想那麼複雜啦，不過他說這種感覺的確不太好，有點像被威脅。」

「我們家的跟我放話說，這樣會讓她屈服沒錯，但也沒辦法說服她養成什麼好習慣就是了。」我也先說出妹妹的想法。

大概是這個結論讓兩個媽媽沒了頭緒、備感挫折，我們一時靜默下來。

「我後來想想，這種方法其實是一種權力的展現，有權力的人才能制定遊戲規則，這樣好像又把我跟孩子的距離拉開，回到傳統權威式的管教。這大概是我最不能接受的部分。」我開口打破沉默。

「可是家長或老師本來就有權威在吧，這不一定是我們選擇的，而且我認為應該也要有權威，我們現在把權威太汙名化了。」朋友提醒我。

「沒錯，可是我希望我對孩子的權威，來自於她的信任和尊重，就好像我們人生中總會有一、兩個人說話很有分量，有什麼事會很想問問那個人的意見，而不是上對下的那種高壓式權威。」我覺得我還沒有能力表達得那麼完整。權威對我而言，應該像是個孩子認可後頒發給我的皇冠一樣。

「我才管不了那麼多。那你說該怎麼辦？」朋友一臉無奈。

不是剝奪最愛，而是創造另一段親子時間

「當你懲罰他不能做什麼事的時候，那段時間，你跟他都在做什麼啊？」我突然好奇起來。

「各做各的事啊，都氣死了還管他在幹嘛！」

「那你覺得，孩子那時候會不會滿腦子都在生你的氣，其實根本沒有反省你要他改的事情？」

「嗯，還滿有可能的。」朋友陷入思考。

「那不然下次你懲罰他的時候，陪他一起做別的事情好了。這樣感覺不是剝奪他的最愛，而是創造另一段親子時間，你覺得怎麼樣？」雖然不知道這是不是好主意，但我總覺得這樣感覺好一些。

接下來，我們互相幫彼此動腦，想了適合自己孩子個性的「懲罰時間親子活動」。

雖然這未必是最完美的教養方法，但現實生活裡的雙薪家庭一定得有些「效率」一點的管理方法，在拿捏自主尊重和時間速度的平衡間，或許這是最容易執行的改進方式。

後來，我在其他書籍中發現，澳洲的學校會在教室角落設立「思考角」（thinking corner），當孩子犯錯時，就會禮貌地請他到思考角安靜下來想一想。

我覺得這也是個不錯的方法。剝奪孩子的最愛反而模糊了事件焦點，不如讓孩子思考一下「為什麼做」或「為什麼不做」哪些事，孩子一定也有他們的道理。彼此冷靜一下，再透過對話討論，才能找出根本解決之道，讓每次的親子衝突都更有意義和收穫！

★思考的延伸……

●你也常使用這樣的造句嗎？「你不……就不能……」；「再不……就不准……」；「你再這樣……就沒有人喜歡你了喔。」

●如果不用這種方法，我們有辦法「叫得動」孩子嗎？為什麼孩子不接受我們的說法？問題到底在哪裡呢？

●這種「交換條件」的管教方法，會不會讓孩子感覺到父母其實是「有條件」地愛他們呢？該如何在懲罰孩子的同時，也傳遞支持、同理的訊息呢？

●若孩子說出原因或道理的時候，你願意聆聽、接受並改變自己原來的決定嗎？改變決定會讓自己覺得很沒面子，還是很高興有共識呢？

「負責」的真正意義

為什麼大人可以，我不行？

小孩：「為什麼小孩什麼事都要問爸爸媽媽啊？」

「以身作則」應該是多數人都同意的教養方式，唯有自己認同某種價值觀並實踐它，才能帶給孩子潛移默化的影響。然而，所有的事情都要這樣嗎？

由於我們夫妻倆的工作習慣，除了專心陪妹妹玩或做功課時電視關掉，家中的電視幾乎都開著，也並未刻意為了孩子避開新聞。雖然如此，對她每天看電視的時間量仍有所限制：吃飯、吃水果時，可以讓她選擇頻道看電視；或者知道有什麼好的影片節目，那麼我們會記下來一起欣賞。

一直以來，這樣的默契都沒有什麼問題，我們也不覺得因此要改變什麼生活習慣。

直到有天，妹妹吃完水果後仍不想關電視，我瞧了電視一眼，告訴她：

「嗯，好像正演到精采的地方ㄟ，不然你自己選個段落再關掉吧。」

妹妹溫順地點點頭，然後淡淡地問：「為什麼大人可以自己決定要不要看電視，小孩都要問爸爸媽媽啊？」

「那你覺得應該要怎麼樣？」我反問她。

「我同學都可以自己決定，而且他們的爸爸媽媽沒有規定看多久。」

公立小學真的是個迷你社會，孩子行為展現出來的，是不同家庭的價值觀和教養方式。接觸來自更多元背景的同儕，對每個孩子而言都是種挑戰——挑戰爸媽原本建立的「規則」、「道理」。

雖然我心中早有準備要「接招」，但這天來得還真是快！

「負責」是什麼意思？

「喔，你的意思是你比較喜歡那樣嗎？」

我在她旁邊坐了下來，這段討論會需要一些時間。

「也不是喜不喜歡啦。你不是常常教我『要自己負責』嗎？」

我心中嘆了口氣。這種迂迴的回答來自天性，而且還拿平常的話堵我的嘴。瞧她一臉氣定神閒的樣子，我可不能失了風度，不過，妹妹陰錯陽差地問了個充滿哲學思考的好問題。

「那你知道自己有哪些能力，可以負什麼責嗎？」我順著話反問。

妹妹愣了一下，一時轉不過來。

「負責的意思不是只有做決定而已，還有做決定後事情發生的結果，你可以承受那個結果為自己和別人帶來的變化，這叫做負責。」我放緩速度慢慢說。

我也沒背過「負責」的字詞解釋，看來等等要去查一下。

「你先把這段電視看完，看完後我們再說吧。」

廣告時間結束，節目開始了，我打算先滿足妹妹的願望，順便觀察她能不能自己把電視關掉。

這樣跟孩子聊「負責」

到了下一個廣告時間，妹妹自己按遙控器把電視關掉，我趁機再度開口。

「嗯，你很厲害耶！能夠控制自己的行為，這點連很多大人都做不到。」

我接著又提出剛剛尚未結束的問題。

「你剛剛說要負責，那你知道看電視為什麼要有限制嗎？」

「眼睛會壞掉，會變笨。」妹妹回答。

「對，電視、電腦和手機一樣，裡面都有藍光會傷害眼睛，眼睛一旦壞掉是無法補救的。至於變笨，說不定花更多力氣都恢復不了。請問這是可以用『負責』解決的嗎？」我把後果再陳述一次。

妹妹搖搖頭。

「所以第一，我們要分辨什麼事情的後果是無法改變的，那不是誰說要負責就可以的。那你要不要舉例看看，什麼事情是你現在可以自己負責的？」

「嗯……穿什麼衣服、做什麼活動、想吃什麼。」妹妹說出平常我請她自己負責的幾項事情。

「沒錯。隨著你長大，學到更多知識，就能決定更多事情，或者你愈來愈能管好自己，那麼爸爸媽媽就愈能放心，請你自己做決定。比如說吃糖果、吃冰淇淋這些事，你已經知道食物的各種相關知識，現在可以自己判斷，根本不需要問我們了，對嗎？」

妹妹驕傲地點點頭。

「以身作則」也有例外

「可是媽媽，那大人看電視看很久，不是也不能自己負責嗎？眼睛一樣會壞掉啊？」妹妹提出另一個關鍵問題。

「是啊，所以新聞不是說很多大人看手機、打電動，眼睛都提早壞掉要開刀嗎？大人也需要練習管理自己，也不是每個人都做得很好。但在別的事情上，大人長大後擁有的能力比較多，所以可以比小孩多一點自由。你要不要想想有什麼例子？」

「嗯……想不出來。」妹妹誠實地說。

「比如說，多早睡覺這件事，大人和小孩就不一樣。小孩需要的睡眠時間比大人多，因為還在長大，而大人需要做的事情也比小孩多很多。如果爸爸媽媽十點上床，你才要跟著睡覺，你覺得合理嗎？」睡覺一向是「以身作則」的熱門範例。

妹妹搖搖頭，說：「要是爸爸出差，晚上比較晚回來，十點睡也太早了。」

「所以『大人怎樣，我也要怎樣』這個想法，不太能用在所有事。但如果你已有把握可以管好自己，那麼請你告訴爸爸媽媽你想多做一些決定，因為你知道要負哪些責任了，好嗎？」

我愈說，心中愈開心。

「還有，你已經知道什麼是真正的負責了，所以看電視這件事情也交給你吧。不過，若媽媽以後忍不住又囉嗦，請你提醒我一下喔！我也會努力管好自己的嘴巴。」

我說完最後的結論，妹妹笑了出來。

跟孩子一起變好

這裡並非討論「如何協助孩子使用3C產品」，因為這個問題值得更深度的探討，也有其他方面的思考角度。我和妹妹的討論，只是簡單地碰觸「負責」和「以身作則」的問題，我們兩人在其他個別事情上，也有更多類似的思考。

「以身作則」絕對是個好方法，尤其在建立價值觀、傳遞道德品格等抽象概念，像是誠實、勇敢嘗試、同理心的展現、協助他人……等等。

然而，「以身作則」無限上綱的結果，會讓大多數父母覺得犧牲自己、壓力重重，無法享受教養樂趣，反而容易讓堅持的原則半途而廢，既達不到原來的示範效果，也等於間接給孩子一個「失敗」案例。

沒有區別的「以身作則」，也可能會讓孩子認為這是應該發生的「連帶關係」：要我做到，那你們也要做到。這樣的想法會遷移到其他人身上，所以可能連阿公阿嬤、爺爺奶奶、哥哥姊姊甚至同學，也要一體適用，孩子可能還搞不清楚為什麼要有這個原則，就開始變成「糾察隊」了。

不過，這可不是爸媽放縱自己的理由。「讓自己變得更好」是每個人一輩子都要追求的人生方向。能給孩子更好的示範，又能提升自己，這就是教養最大的價值，不是嗎？

★思考的延伸……

- 一起和孩子列列看，哪些事情是「大人可以，孩子還不行」？雙方認知有落差嗎？
- 為什麼我們認為「孩子還不行」？是真的缺少什麼能力，還是我們對孩子沒有信心？是哪一種呢？
- 我們能做什麼協助孩子擁有更多能力，讓孩子更行？
- 就算是大人，也都能為自己的行為負責嗎？如果不行，我們真的能替孩子決定什麼嗎？

成長從擁有祕密開始

可不可以不告訴爸媽？

小孩：「祕密不是只有一種。」

妹妹快三歲的時候有句經典名言，至今仍刻在我的心裡。

那天，她突然天外飛來一筆地說：「媽媽，我不想告訴你我心裡在想什麼耶。」我還記得，那時我不甘示弱地回她：「沒關係，不想說就算了，但你要知道我在想什麼就好。」

這當然是脫口而出的賭氣話。但是隨著妹妹長大，上了小學，「不告訴你」的事情逐漸增加，我不禁認真回想以前自己還是孩子的時候，根本不會覺得應該跟爸媽坦白一切；怎麼現在換個身分，真的自動換了腦袋，這下子也懷抱著這種「執念」？

於是，我費盡苦心找了本繪本《我不敢說，我怕被罵》，想當晚上的床邊故事。妹妹回家發現後立刻眼睛一亮，拉著我說要立刻讀。

這本書是描寫一個小女孩弄壞東西、做錯小事卻不敢說，自己心裡七上八下，爸媽察覺有異，引導孩子說出來後，傳達不論如何都愛孩子的溫暖故事。

妹妹聽得津津有味，不時發出「嗯嗯」的認同聲音。闔上書本，我趕緊抓住這個談話的絕佳氣氛。

「所以啊，妹妹，以後別把自己悶壞了，有話就說出來。媽媽沒有把握所有事情都不會生氣，但是那也是針對事情本身，跟愛不愛你沒有關係喔！」

不料，妹妹心不在焉地回我：「祕密不是只有一種啦。好啦，以後這種的我會想想要不要說。」

當初因為倔強、愛面子的媽媽裝不在意，不願開口服輸，讓很早就不說祕密的妹妹，陰錯陽差地擁有自己的內心小宇宙。

為何把「孩子擁有祕密」，當成親子關係的挫敗？

我定定地看著擁有祕密卻愈來愈快樂的妹妹，想著：擁有祕密，一定會很痛苦嗎？也許真是我搞錯了什麼。也許做人父母的太容易自己嚇自己了，祕密應該不是壞東西。

我反問自己：為什麼要什麼事都讓爸媽知道？什麼事情可以不告訴爸媽？為什麼不想告訴爸媽？……等等，是只有爸媽，還是其實也不想告訴所有人？

想到這裡，突然出現一絲線索：我怎麼把擁有祕密這件事，當成是親子關係的挫敗？或是負面解讀成孩子想要隱瞞什麼？

我忽略了想要給爸媽驚喜的那種祕密、覺得有點尷尬不想說的那種祕密、想要放鬆一下胡思亂想的祕密……

孩子是自己祕密的主人

祕密，是一種自我意識發展的結晶、是獨立思考的原型，能在不被他人干擾和影響之下，咀嚼自己知道的、想要的、一時無法消化的、想像的……將這些元素糅合進自己的思想裡，形塑成那個獨一無二的自己。

祕密，更代表著意識到你我之分、內外之別。微妙的說與不說，測試著人際間的敏感程度，「說多少」及「說了什麼」，便成為另一種有趣的遊戲。當然，有時候祕密也沒那麼多學問，就是愛面子、怕失敗或怕出糗，不想人家知道而已嘛！

祕密，也是一件自己決定、自己獨力承擔的事情。在擁有祕密的過程中，孩子不是孩子，是祕密的主人。

愈來愈成熟的人格，原來從擁有祕密開始。

相信孩子「無論如何都愛你」

隔天晚上，妹妹突然對著我們大喊一聲：「我要進房間做一件事情，你們先不能進來喔！」

我趕緊大聲回她：「好，沒問題！」

過了半小時，門打開了，妹妹一屁股坐在沙發上和我靠在一起，我還是忍不住問她：「剛剛你在幹嘛啊？有什麼驚喜要給媽媽嗎？」

「沒有驚喜啦，我在做實驗。你不要再問了啦！」妹妹趕緊劃下界線。

已經想通的我趁機告訴她：「不問啊。所以這個實驗，你想要試試看自己負責結果，對嗎？」

妹妹點點頭。

「好啊，祝你成功。成功之後想分享的話，別忘了我也想知道喔！」我比以往更加開心。

至今為止，我還是不知道她那天到底幹了什麼。

當我們告訴孩子要相信爸媽「無論如何都愛你」的同時，我們也該先做到相信孩子，「不跟你說祕密，不是不愛你」。

◎母女對談

很久以後的某天下午，我問妹妹：

「如果你有不想告訴爸媽的祕密，那你會找誰分享？同學嗎？還是比較想跟誰說？」

「祕密就是祕密，誰都不會說啊。」妹妹回答。

「那……這樣不是會很痛苦嗎？」對我這個透明人而言簡直難以想像。

「哪會痛苦啊？跟人家說才煩好不好。」她不可置信地看著我。

這大概就是天秤座與天蠍座的差別。

★思考的延伸……

● 回想自己以前，是否也有沒告訴爸媽的祕密？分享一、兩個給孩子，看看他們的反應如何？

● 有沒有不想告訴孩子的「祕密」？為什麼不告訴他們呢？是「為了他們好」嗎？那孩子也可以為了我們好嗎？

● 祕密是怎麼形成的？什麼情況下比較容易有祕密？

感情的三堂入門課

可不可以「談戀愛」？

小孩：「被抓到了喔！」

最近，想跟孩子「談戀愛」的父母突然增加不少。這一、兩年發生多起重大情殺案件，然而一陣子恐慌過去後，「談感情」這件事又被打回原形，成為許多家庭「不能說，卻很想知道的祕密」。

其實在台灣的環境裡，要「談戀愛」這件事還真的挺容易的（只要我們願意面對的話）。看看公車上、捷運裡，不難發現熱吻的戀人；孩子回去長輩家，大概也會跟著看韓劇、日劇或本土八點檔。

還記得《犀利人妻》紅極一時，我也是忠實觀眾，每個禮拜專心投入在劇情裡面。妹妹那時才三、四歲，在旁邊東摸西摸我也不以為意，劇情正演到外遇小三對象的時候，突然身旁傳來她的評論：「拜託，你這樣很不應該耶。被抓到了喔！」

現實生活中，妹妹上幼稚園後，生活裡的男生突然多了起來，男同學也會很自然地當著我的面說：「她好可愛喔！」

校外，妹妹還有個「小男朋友」，三歲多的年紀卻非常欣賞妹妹，直對人說是他的「老婆」。別看他年紀小，其他小女生過來想牽手，他還會把手推開說：「我已經有某某某了。」這位小弟弟「愛」得很認真，去哪旅行都會想到妹妹，在一起玩的時候眼神發亮，情不自禁地還會從後面抱住高他二十公分的妹妹。

從生活情境開始「談戀愛」

看起來逃不了這關，所以我們很早就得開始「談戀愛」。一方面，搭配著孩子的生活情境趁機談論感情，比較不會感到這麼「彆扭」。另一個好處是，孩子習慣了在家裡討論感情的各種話題，長大之後，父母也不會難以啟齒。

只是，該怎麼跟似懂非懂的孩子談論抽象的「愛」呢？許多詞彙都還不懂的孩子，又能怎麼體會感情的豐富層次和差別呢？

「初階課程」就從生活的情境中，自然開始。

第一堂課：以父母為示範

首先，父母是孩子接觸兩性關係的「示範」。

我和老公從不避諱在孩子面前擁抱、親吻。有時，我還會故意跟妹妹說：「你不要惹我老公生氣，欺負我老公喔，小心我找你算帳！」

父母感情的細膩互動，會影響孩子未來對感情的「需求」，潛意識裡會把喜歡的部分保留下來，建構初步對感情的嚮往。若父母感情不好，那麼缺乏的那部分很可能就會讓孩子「向外討愛」，成為未來兩性感情中不自覺的「弱點」。

孩子也能從生活中觀察，媽媽與男性朋友們相處時有何不同？什麼動作不會做？什麼話不會說？這些都是很好的討論素材，而這些細節，能夠協助父母傳達非常多的「隱性」訊息。

有一次，我們一起討論「眉來眼去」這個表情到底代表什麼。

爸爸故意說：「挑眉毛、動眼睛，說不定只是在表達事情、說什麼祕密，不想讓別人知道的方法啊！」

妹妹說：「才不是呢，那是代表喜歡啦！」

不要表錯情，也不要會錯意。小心拿捏每一種表達，是避免誤會很重要的關鍵。

第二堂課：分辨「喜歡」的不同層次

第二步，則是分辨「喜歡」的不同層次。

孩子比較能心領神會「有點喜歡」和「非常喜歡」，但「喜歡」和「愛」的不同，就得藉由其他事物來比擬和傳達。

動物通常是很好的練習對象。

比如說，妹妹喜歡去動物園看動物，但是當她看到台灣黑熊接近精神崩潰、老虎無精打采的樣子，就是給她機會教育「愛」的時機。愛不是占有、愛不是強迫對方配合，而是希望對方能快樂、自在並自願靠近，那種關係才是真正的擁有。

原本妹妹還吵著想要養貓，現在也漸漸知道「寵物」的意義有點自私了。

從動物延伸到人，我順勢告訴妹妹：「未來要是誰告訴你『若你不如何如何，就代表不愛我或我就不愛你了』的這種話，絕對不是一個真正懂愛的人。」

當然，這句話也要用來隨時提醒自己：做父母的我們，有沒有也常這樣「出言恐嚇」？還是我們竟然就是「恐怖情人」？

第三堂課：拒絕與欣賞

初階課程的第三課，該來談「拒絕」這件事。

妹妹的個性擅長說「不」，也許表達直接而清楚，但不免有時讓對方尷尬無比。同年紀的孩子不一會兒就恢復信心，蹦蹦跳跳，但隨著年紀增長，周遭的人愈來愈複雜，這樣的表達方式就容易引禍上身。

藉由妹妹第一次被表白，我們在房間裡玩起「角色扮演」，媽媽設計了各式各樣的情境，當然也扮演死纏爛打的臭男生角色，哈哈大笑之餘，一起討論「拒絕」別人的方式有哪些。

這遊戲就是請孩子回想自己被拒絕的經驗（通常來自父母或同性朋友），再協助孩子歸納出來，拒絕不一定要用說的，肢體動作、表情、語氣，甚至信件，都能表達某種程度的拒絕，訊息輕重不一，可以隨著對方的接受程度而選擇變化。學會這些拒絕工具，是讓妹妹能在不同情境下，使用適合的方式。

但我告訴妹妹，不論怎麼拒絕別人，一定要表達出「謝謝你欣賞我」的態度。別人的肯定是自己的福氣，人際之間有很多種關係存在，若對方願意，也可能成為很好的朋友。

下一步的進階課……

談到這裡，妹妹問：「可是，要是我還分不清楚呢？」

「你是說有點喜歡又還不確定的那種感覺嗎？」

我怎麼覺得她真的有這問題。

「嗯，對啊。」

天啊！什麼時候假戲真做的？所以是你喜歡別人？

「ㄟㄟ，這……」我一時語塞。

看來我要準備進階課程了。

★思考的延伸……

我們對愛情的期待和恐慌，都來自於無法知道會愛上誰。不論我們再怎麼圍繞著孩子，終究有一天，他們愛上的必定是家庭之外的陌生人，而這就是為什麼我們必須從孩子很小的時候，就開始教他練習了解陌生人。

因此，我們用什麼角度看待陌生人（是懷疑恐懼的、現實功利的、冷漠自私的、溫暖體諒的、主動熱情的……），無形中就決定孩子詮釋他人的第一反應。那些保護孩子的觀點、角度，並不真的能阻擋厄運來到，但是寬宏同理的內心，才會擁有迅速恢復的自癒能力。

聰明如我們，應該知道什麼比較重要。

Part 2

在學校發生的事

「禁止」背後的權力思考

被禁止的事，一定是錯的嗎？

小孩：「老師說，不能這樣做！」

開學第一天，聯絡單上一堆準備細項，我和妹妹一起整理打包。

在便當盒的袋子裡，我放進一根湯匙和一根叉子，妹妹瞥見後立刻拿了叉子出來，說：「媽媽，老師說叉子和湯匙只能帶一種喔。」

我聽了有點疑惑，但沒說什麼。

隔天在走廊上，巧遇妹妹幼稚園時同班的小男生，我興奮地向他打招呼：「嗨，我是羅阿姨，你跟妹妹在隔壁班耶，下課的時候還可以一起玩喔！」

不料，小男生困惑地看著我說：「阿姨，我也很想找她玩，可是我們老師說，下課時不能超過走廊的樓梯口耶！」

我有點哭笑不得。

不過，這兩個事件卻讓我開始思考，服從權威的思想是否已經開始在孩子身上發芽了？他們知道為什麼要守這些規矩嗎？這些衷心相信大人的孩子們，曾經想過應該要思考大人說的話嗎？

在身邊，那些被禁止的事

在回家路上，我想跟妹妹聊聊這件事。

「妹妹，你能不能幫我想想看，我們生活裡有哪些事情是被禁止的？」

「有啊，公園裡禁止烤肉。」

「還有呢？要不要到處找找看？」

「捷運上不能吃東西……」

「嗯，你看，這裡還有禁止左轉的標誌咧！」

我指著馬路上的交通號誌。

「那你知道為什麼會有這些規定嗎？要不要猜猜看理由是什麼呢？」我繼續說。

「嗯……公園不能烤肉應該是怕失火把樹燒光，捷運上不能吃東西應該是怕垃圾很多？」

「猜得不錯喔，這些規定好像都滿有道理的。那你覺得我們有更好的方法嗎？」

「有啊，有些公園沒有樹的應該可以烤肉吧，還有我們每個人應該不要亂丟垃圾。」

妹妹好像想過這些問題似地流利回答我，她應該很想烤肉吧！

「你說對了，除了禁止之外，我們其實有更好的方法。公園可以分類或分區，不過，捷運上不能吃東西是怕食物殘渣會引來老鼠，這樣可能會咬斷電纜，發生更大的危險，所以嚴格禁止。但是媽媽覺得公車上應該還好，應該不需要禁止吃東西。」

接著，我準備說到重點。

被禁止的事，一定是錯的嗎？

「媽媽問你，被禁止、不能做的事情，一定是錯的嗎？」

妹妹想了一下，遲疑地說：「應該是吧，已經說不可以了啊。」

「那媽媽跟你說一個例子，我們每天在看的Facebook，在中國是被禁止的喔！全世界大概只有那個國家規定不行。」

「啊，怎麼可以這樣規定？人家要看什麼應該都可以啊！」妹妹突然變得很大聲，Facebook魅力真是不小。

「還有以前台灣啊，有些電影被禁止播放，有些書禁止你看。很久以前，有的皇帝還不准你晚上點燈咧！」我腦中突然想起「不許百姓點燈」的歷史故事，突然覺得時空跳太快，自己也太會唬爛了。

「真的？」

「那你再想想：被禁止的事，一定是錯的嗎？」

妹妹沉默不語。

「規定」是可以思考，也必須思考的

我再追加一個問題：「還有，我們可以犯規嗎？」

過了一條大馬路，妹妹拉拉我的手，說：「媽媽，就算不是錯的，可是犯規會被處罰耶。」

聽到這句話，我有點難過。從小也沒人教過我，但我向來就是想要打破規則的人，妹妹說的話從未出現在我腦中。唉！有些個性是不會遺傳的。

我不打算增加她的心理負擔。討論這些的目的，只是為了讓她知道可以思考、也必須思考加諸在人身上的各種規定，並不是要她當個生活革命家。

「你先不用那麼緊張啦，禁止不一定都是不好的喔。剛剛看到的禁止左轉，就是為了建立規則，讓更多人開車的時候更安全；公共場所禁止吸菸，也可以保持空氣清淨，不會吸到二手菸。當你覺得某項規定怪怪的時候，可以找媽媽或老師討論看看，不需要立刻決定什麼。」

每一種禁止的意思，其實不太一樣

我打算下個結論。

「今天只是告訴你，每一種禁止的意思，其實不太一樣。有些禁止只為了特定的人著想，有些禁止是為了讓你不要有想法，有些只是為了比較方便、比較好管理，但不一定是最好的決定。所以下次聽到任何規定，都可以先想想看，好嗎？」

「對啊，應該要替每個人著想才對。其實今天我有看到其他同學帶一套的餐具來，老師也沒有怎麼樣啊！」

原來如此。不早說，害你媽媽想太多。

「嗯，所以你要不要學著分辨，哪些是老師的建議，哪些是真正的規定？還有為什麼會那樣規定？」

呼！對一個天生反骨的媽媽而言，有個「太聽話」的小孩也是一種壓力耶！

◎真心話

這篇內容是少數跟妹妹「沒有共識」的主題之一。妹妹是屬於「高敏感度」的小孩，「秩序」能讓她較快建立安全感和熟悉度，因此學校生活裡許多規則和禁令，在她眼裡是混亂中的安心守則、排除變數的快速祕訣。

我曾非常煩惱妹妹會不會過於服從，但同時我也觀察到妹妹上小學後，專心適應學校、建構人際的速度比預期的快。一直到下學期，妹妹漸漸開始對某些事情有不同意見，雖還不至於公開表達、挑戰權威，但我知道她已經開始用自己的步驟思考。

就連思考，每個孩子的狀態和啟蒙時間也不相同。我們唯一能做的，就是在他們面前不斷地示範思考，讓這件事情就像呼吸一樣自然，對孩子不可能毫無影響。

★思考的延伸……

- 生活中出現的各類禁止項目有哪些？我們知道原因嗎？禁止是最好的方法嗎？
- 已經告知禁止的危險事項，為什麼還是有人不願遵守？
- 面對不合理的禁止，我們該如何反應？如何改變？
- 誰能決定「可不可以」？誰來決定何時需要改變？要是有些人不想改變，有錯嗎？該怎麼辦呢？

引導孩子自己做決定

老師沒說「不行」的事，就可以做嗎？

小孩：「老師又沒說不可以！」

對進小學之後的孩子來說，老師代表某種權威，恰恰好這個權威也是父母很尊重的身分，因此，孩子有時就會借用老師之名，來堵父母悠悠之口。這時候考驗的，不只是事情本身的討論，更多感覺是「用右手的矛刺左手的盾」這種尷尬情結。

有天早上，妹妹穿好制服後，興沖沖地拿了條項鍊跑過來。

「媽媽，你幫我戴這條項鍊好不好？」

啊？一大早腦子尚未清醒就遇到這個狀況題，我只好先打迷糊仗，問：「怎麼突然想戴項鍊啊？」

「因為陳某某那天有戴戒指去上學，我們說好今天一起戴項鍊去啊！」妹妹興沖沖地呱啦呱啦說著。

「喔，這樣啊……不過，戴項鍊去學校適合嗎？」我小心翼翼地先不完全否定，但在心裡同時盤算著該怎麼過這一關。

妹妹聽到這個回答很不高興，臉馬上拉下來。

「老師又沒說不可以！」

這句話徹底地把我喊醒，我決定不管今天上學會不會遲到，這個問題倒是需要好好聊一聊。

「我相信老師沒說不可以，不過老師沒說的事情可多了，那就代表可以嗎？」

我丟出這個問題，而我真的也在一起思考。

妹妹沒說話，我也沒等她回答，繼續問了下個問題。

「不過，這跟老師說可不可以有什麼關係嗎？項鍊戴在自己身上，為什麼要讓別人決定可不可以呢？」

我們一起坐在床邊想這兩個問題。

再三強調思考的重點，避免討論失焦

嚴格地說，我不知道妹妹有沒有在想，她低著頭讓我有點捨不得。一個小女生愛漂亮的心沒什麼不對，我並不反對戴項鍊去學校，只是那句「老師又沒說不可以」讓我想要把事情「複雜化」一點，否則孩子很容易就會認為，老師的權威至上，甚至可以說服父母。

我打破沉默。

「媽媽並不反對你戴項鍊喔，不然怎麼會買給你呢？你先想想，戴去的話，同學會不會圍著你看？會不會想要摸摸這條項鍊？你喜歡這樣嗎？」

「我不喜歡人家圍著我，我會覺得很不好意思，而且更討厭人家碰我。」妹妹馬上回答。

「那你要不要再想一次，再決定要不要戴項鍊上學？這跟老師有沒有說可以其實沒有關係。」我不斷地強調思考的重點。

「媽媽，那我今天不要戴了，放假出去玩再戴就好了。」妹妹非常爽快地把項鍊塞進抽屜。

撇開關於權威的爭論，回歸決定本身

當天送妹妹上學之後，這件事情在我腦海裡餘波盪漾。我誠實地問自己：「為什麼我的直覺也認為戴項鍊上學不好？我說得出什麼具體原因嗎？還是因為以前我就是被這樣告知的，所以我也覺得怪怪的呢？」

看似平和的落幕，卻引發我潛在的憂慮：這一句「聽老師的話」，是否會讓孩子喪失每個判斷的練習機會？當我們判斷事情時，我們有把握住思考的關鍵點嗎？還是一不小心把問題變成了爭論權威性，或是服從哪個權威？

最上層的問題當然是：我們需要權威嗎？不過，這是一時難以解決的大哉問。

在網路上不難發現類似的例子：有些孩子想搽指甲油、帶玩具去學校、穿運動服睡覺（這樣隔天早上不用換）……爸媽們有時就會被這句「老師又沒說不可以」給堵住，一時情緒升高但又不知道該怎麼反駁，只好脫口而出：「不然你去問老師可不可以，老師一定說不可以的啦！」

落入口舌之辯的結果，多數孩子並不會服氣最後的結論。

「老師又沒說不可以！」當孩子冒出這句話時，只是想借用另一個權威，快速地達到自己的目的而已，多數時候並非想要「挑戰」父母。所以，我們得控制住情緒，別做過多負面解讀，而是暫時拋開「老師有沒有說可以」的討論，把焦點拉回事情本身，讓孩子說出更多動機、透露更多訊息，引導孩子自己做決定，而非把決定交由他人。

自己的行為自己負責，不需誰來背書，誰也無法替你負責，才能進一步思考更多行為帶來的意義，甚至是連鎖效應。

另一種思考……

當天放學回家後，妹妹告訴我，老師告訴陳某某不要戴戒指上學，因為戒指會影響寫字，讓手指卡到鉛筆很痛。這段故事的背後，似乎是對自己早上做的決定感到滿意（因為妹妹對這位老師很服氣，也很在意老師對她的評價）。

不過，天生反骨的我心裡想的是：要是我是陳某某，我會跟老師說換手戴，不就什麼問題就沒了？

我當然沒有找自己麻煩，最後這段只留在我心裡，然後看她什麼時候會「開竅」，想到換手戴這個辦法！

★思考的延伸……

問問孩子：

- 若換了一位老師，而這個老師說不行，那你還會贊同這個決定嗎？
- 如果你一向不喜歡這個老師，那麼還會尊重他說的話嗎？
- 如果一件事別人不告訴你可不可以，那自己的看法是什麼？看法又是怎樣形成的呢？
- 想一想，對自己最重要或最在意的事情是什麼？這會不會影響自己的看法或最後決定呢？
- 學校裡有沒有什麼例子，會讓同學有截然不同的立場？那這樣的話，如果你是老師該怎麼辦？

公民行為的初嘗試

我們該向模範生學習什麼？

小孩：「有一個人沒選上模範生，還哭了耶……」

一年級上學期的某天，妹妹突然和我提起兩天前班上選出兩位模範生的事，她說一位是台北市的、一位是學校的，她最後沒有被選中。

兩天前的事情還被提起，表示這位小姐心中頗在意。

我心中納悶著，開學才兩、三個月，就必須選出模範生，似乎也太為難老師了吧！老師到底該怎麼「運用智慧」解決這棘手的事呢？畢竟現在的家長可不好應付。

我問妹妹：「我很好奇耶，是怎麼選出來的啊？」

妹妹說：「老師請我們自己想想，覺得自己在家裡、在學校都表現不錯的先站起來，然後再請全班投票。」

聽到這裡，我覺得滿不錯的，自我提名、自我肯定是模範生需要有的自省和自信。

「不過我沒有站起來。」

「啊？那你為什麼說你沒有選上？」

我開始覺得奇怪。

「因為同學站完之後，老師有叫我和另外一個同學站起來，她說她覺得我們兩個表現不錯。」

原來是老師提名，大概是覺得這兩位小女生不好意思。

「喔，那你覺得自己表現不好嗎？為什麼不站起來呢？」

「因為我中午吃飯都很慢，而且在家裡有時候也不一定都很聽話啊！」自我要求這麼高，到底是好事還是壞事？

然後呢？

「我得到十票，第一名十八票，第二名十五票。所以兩個我都沒選上。」妹妹這時聽起來有點沮喪。

「十票不錯了啊，大家才認識不久，而且老師很肯定你的表現，不是嗎？」我真心覺得依照她內心戲多的悶葫蘆個性，十票已經很不錯了。

「嗯。媽媽，老師說下學期和二年級都會再選模範生，所以我還有機會喔。」

說來說去，她還是活在自己的世界裡，得失心也太重了點。我開始懷疑，當初她不願意站起來，其實不是覺得自己不好，而是沒把握選上，怕沒面子。

看來這心情挺複雜的。

想想在大人的現實生活裡，不也常有這種尷尬場面嗎？職場上升官的不是我；當人家的倒數第二個女朋友；陪你去試鏡的朋友變成明星……這輩子類似的事情應該不計其數。

孩子第一次面對公民意識的討論

我很想知道妹妹對這兩位模範生的看法如何，於是繼續追問：

「那你覺得當選的同學怎麼樣？能不能當模範生呢？」

「嗯，他們兩個其實都很棒。他們功課都寫得很整齊，上課也很專心，下課也都跟同學一起玩，老師都沒有罵他們喔！」

看來她也相當肯定這兩位同學。選民的眼睛真是雪亮的。

「嗯嗯，那全部有幾個人一起選啊？老師有說一人可以投幾票嗎？」

「大概七、八個，有一個沒選上之後還哭了耶。」

看來難過的不只妹妹一人。

「那你投票的時候，也有投票給這兩個同學嗎？」

「有啊，我也覺得他們很好。我還有投給某某某，因為他很厲害，可以拍球繞操場一圈都不會掉球。還有某某某，他每次講話都很好笑，我也有投給他。」妹妹突然呱啦呱啦說起一堆同學的優點。

老師最後有具體地給出模範生的條件，請同學們再次審慎思考之後，決定最後人選。

當選模範生，可不可以只因「全班都很喜歡他」？

「選拔模範生」這整件事情，蘊含著豐富的思考面向，也是小學一年級的孩子們第一次面對饒富公民意識的討論。這當中包括老師的想法、自我的檢視、他人的互動，甚至是當選或落選後的心情調適。

不只是妹妹，每個孩子都很在意這件事情。

我不禁好奇地想著：

可愛的孩子們，一開始是怎麼認定「模範生」的呢？

面對定義模糊的「模範生」，大人們的期待是什麼呢？希望孩子們向模範生學習什麼呢？

其實孩子們投票，一定是因為「喜歡」這位同學，而不一定分得清楚為什麼喜歡；硬要說出個道理來，往往就是某項「特殊專長」、「人格特質」，或是只因為「我跟誰比較好」。若是這樣的話，何不取消虛無縹緲的模範生，改為各式更具體的獎項呢？讓孩子們能容易地了解被肯定的項目，這樣的聚焦會不會反而讓孩子更有成就感？

除了操作面向的討論，更深一層的意義是，這個時代，我們還需要「模範生」嗎？「表揚」往往帶有定義的意味，由一個權威來界定、認可某些行為的優劣，有意識地選擇後，加強宣傳效果。那麼，有沒有哪個「模範生」是不太聽老師話的，即便他十項全能外加人緣極好？

或者反過來問，當選模範生的孩子，可不可以只是因為全班都很喜歡他，但在世俗標準裡也許沒有什麼特殊之處？

當選模範生得到的是一張獎狀，以及能跟市長或校長合照的「榮譽」，這到底達到什麼學習效果？我們有沒有更好的方式表達鼓勵和讚美？

讓孩子互相欣賞，多討論和思考

其實模範生這整件事，若能加強孩子「主角」的角色，也能有許多正面意義。舉例來說，三年三班和四班的模範生有什麼不同的優點呢？四年級和五年級的模範生又有什麼不同呢？在這過程中，若能讓孩子互相欣賞，甚至引起更多討論和思考才有意義，否則很可能成為小孩版的造神運動，或暗示成為大人眼中的乖乖牌，那就真的不符合教育本意了。

回想妹妹認真地告訴我：

「媽媽，老師說下學期和二年級都會再選模範生，所以我還有機會喔。」

爭取榮譽是件好事，不過我得找時間好好跟她聊聊，模範生對她的吸引力，到底在哪裡呢？

★思考的延伸……

● 我們如何跟孩子表達欣賞之意？孩子喜歡我們的表達方法嗎？還是他們有什麼想法？

● 在孩子心中，有沒有覺得哪位朋友或同學很不錯？為什麼？

● 在孩子心中，也認為自己有值得人家學習的地方嗎？如果沒有，為什麼？有的話又是什麼呢？

● 孩子對於自己班上選模範生的方法有什麼感想？如果他是老師，有更好的方法嗎？如果大家選出來的人他不認同，又會怎麼想、怎麼做呢？

同理心的最佳實境課

「對不起」之後，一定要「沒關係」嗎？

小孩：「老師說人家道歉後，我們要說『沒關係』。」

我和妹妹應該屬於「歡喜冤家型」母女，又愛吵，又愛黏在一起，一會兒風風火火，幾秒後又親來親去。

雖然我們兩個的脾氣都屬於來得快也去得快，不同的是事情過去了，妹妹有時還會記著放在心上，我呢則是船過水無痕。

那晚，睡前說故事時，我一時興起唱作俱佳走搞笑路線，妹妹笑到肚子疼，連忙叫我先停一下，我倒覺得要「乘勝追擊」，就繼續鬧下去。她冷不防地抓了我手臂一把，因為指甲長了還沒剪，紅爪痕立刻浮現，我痛到大喊出來。

妹妹愣住了，看著我。

「很痛耶！幹嘛抓我？你看。」我秀出紅爪手臂。

「因為我叫你停，你不停嘛。」妹妹委屈地小聲說。

「我們不是在玩嗎？那就可以抓人喔？」火大的我大吼，可能因為太痛了。

「對不起。」妹妹回過神來補道歉。

氣呼呼的我沒說話，揉揉還在發疼的手臂，不時還瞪著她。

「你要說沒關係啊。老師說人家道歉後，我們要說沒關係。」妹妹竟然接了這句。

「我現在還在疼，還在生氣，為什麼要說沒關係？有關係啊！」我愈說愈火。

「那我已經說對不起了嘛！還要怎樣？」妹妹惱羞成怒。

「你可以繼續說啊，或是用別的方法道歉啊！為什麼還要我告訴你怎麼做？」唉！我知道這時候我就像小孩一樣。

「對不起！對不起！」妹妹非常大聲地連聲道歉。

「我們剛剛玩得太瘋了，但是以後不要這樣動手，我知道你笑到說不出話來才會抓，但是我的手太痛了，沒辦法不生氣。」我終於冷靜下來。「很晚了，我們先睡吧，明天再討論。」

我敲了和平鐘，氣消了之後照例親親妹妹道晚安，她這才放心睡覺。

「沒關係」，不代表真的已經「沒關係」了

走出房門時，我一直回想妹妹說的那句話：「老師說人家道歉後，我們要說沒關係。」

其實不只在學校裡，通常我們碰到孩子間的爭執或衝突時，大概也都這樣「便宜行事」地處理，心想孩子本質善良，玩的時候難免擦槍走火，一句對不起、一句沒關係，等一下不就又玩在一起了嗎？

然而，有時候卻沒那麼簡單。

仔細想想，的確曾經在公共場合看到兩方孩子爭執不下，旁邊的大人們你一言我一語，催促著某邊孩子道歉，等道歉完，又叮嚀著另一邊接受道歉，表達善意；只是在「對不起」和「沒關係」之間的眼神，依舊氣呼呼地誰也不願意看誰。

大人都需要點時間消化情緒了，怎麼我們又把孩子當成道德楷模？這樣息事寧人的和平，真的能夠讓孩子知道為何對方生氣嗎？對方可以不接受道歉嗎？除了對不起，還

有什麼表達方式呢？同樣地，我一定要馬上接受道歉嗎？我可以理解為什麼對方會這樣做嗎？有沒有什麼事情是絕對不能發生的？我又該怎麼處理情緒，收拾善後呢？

我頓時覺得慚愧。其實每一件衝突不論大小，都代表著兩個獨立個體之間的磨合過程，孩子有機會能夠開始學習解讀他人行為的動機、觀察他人行為的意義、了解別人和自己想法的差異，這些都是細微的社交能力發展，也是「同理心」的最佳實境課題。不論身為哪一方，在處理自己情緒的過程中，更能學習了解自己、控制自己的基本功，最重要的是，千萬別建立「自己道歉，別人就一定要接受」的錯誤期待。

「沒關係」，不代表真的已經「沒關係」了。

在孩子發展自我意識的階段，受限於語言能力和生活經驗，他們其實更需要大人的協助和引導。

也許可以從手足或家人開始，發生摩擦時，就開啟哲學式的對話和思維，能夠讓孩子領悟人際關係的細微之處，接受更多元的獨立個體，不再用「非黑即白」的思考模式，而是像「色階式」般蘊含多種可能。

要是我真的不想原諒他，可以嗎？

抓手的事情過了一陣子之後，某天，與妹妹藉由同學之間的小衝突有些對話，她最後問我：「要是我真的不想原諒他，可以嗎？」

「不想原諒的意思是什麼？再也不跟他說話？再也不想看到這個人嗎？」

「也不是啦，就是這件事我不想原諒他而已。」

孩子就是比大人厲害，可以分得這麼清楚。

「你只是想告訴他這件事情以後絕對不可以，對嗎？」我用更簡單的話猜測。

「對。但是他其他時候還是很好。」答案愈來愈清楚。

「那如果是這樣的話，當然可以不原諒他。不過你必須把話講得很清楚，不然他會以為你永遠不理他。」

「我知道啦！」

妹妹非常開心，大人沒有「強迫」原諒。那麼下一課的挑戰，就是如何協助妹妹練習多層次的事理和情感表達了。

★思考的延伸……

● 若今天自己做錯了事跟別人道歉，是否會期待別人說「沒關係」，或立刻獲得原諒？如果現場沒有得到預期中的回饋，自己的心情有什麼變化呢？

● 相反的情況，若自己仍在生氣而無法當場原諒對方，那要怎麼處理？

● 若在學校或公司裡，有第三者（老師或是老闆）希望自己現場表達原諒之意，那麼你會選擇照做嗎？還是會順著自己的心意呢？

● 選擇「言不由衷」的和好方式，對事情的影響會是什麼？

正確價值觀比考高分重要

作弊沒被抓到，還算作弊嗎？

小孩：「如果沒被發現，就算有作弊，他還是贏啊！」

小一下學期，妹妹漸漸開始有了各種「考試」：隨意念幾個字詞的隨堂考、一張測驗卷的小考，或是期中、期末的大考。不過即使聯絡簿上有寫，我們也從未特地複習，頂多成績發回來要求家長簽名時瀏覽一下，想看看孩子「自然發酵」的學習成果如何。

最近，事情開始有了變化。

以往發回測驗成績時，妹妹不會多說什麼，不過近來都會加上這句話：

「媽媽，我沒有作弊喔！我還考這樣，是不是很厲害？」

第一次聽到，我沒有什麼反應。但第二次聽到時，開始覺得有些奇怪。至今為止我從來沒有跟她說過「作弊」這個詞，也沒討論過類似的事情，為什麼她會這麼強調「清白」呢？

「作弊？你知道什麼是作弊喔？」我開口問妹妹。

「知道啊，就是轉頭看別人或是看答案啊。」

「你們班有人這樣嗎？」我就直接問了。

「有啊，老師有盯著看，會說某某某不要轉頭看別人。」

「喔，原來是這樣啊。」聽起來還好，小孩子看來看去、扭來扭去還滿正常的，我先別大驚小怪才是。

有做，就是有做

又過了幾天，簽聯絡簿時，妹妹告訴我：「今天我考很好吧？我也沒有作弊喔！」

真是奇怪，一直掛在嘴邊強調，不知道是不是碰到什麼麻煩，還是心裡邊起了什麼變化？看來不可掉以輕心。

「班上真的有同學作弊喔？」

「有啊！老師今天有看到同學把國字寫在墊板上，就把墊板沒收了。」

天啊，才小一耶！現在的孩子腦筋動得真快。

「那你覺得為什麼他想作弊啊？」我請妹妹猜猜看。

「應該是怕被罵、被打吧。聽說某某某要是沒有考九十分，他媽媽會打他屁股，是輕輕的那種啦。」妹妹果然知道「內情」。

「那還有其他同學作弊，但是老師不知道的嗎？」我有點擔心孩子們自己聊起來，不知道討論內容有沒有「歪」掉。

妹妹遲疑了一會兒，搖搖頭。

「那作弊沒有被抓到，還算作弊嗎？」妹妹的遲疑反應讓我補上這個問句。

「算啊！有做就是有做。」

聽到這個回答，我鬆了口氣。

把結果放在「到底誰學到了知識」

「可是媽媽，如果沒被發現，就算有作弊，他還是贏啊！」妹妹馬上追問。

「贏？贏什麼呢？」

「就是他會考很高分，或是得第一名啊！」妹妹補充說明。

「那就是贏喔？那你在氣什麼呢？你很在乎輸贏對嗎？」

這的確是妹妹的個性。

「我覺得不公平，那是假的，說不定他都不會，可是老師不知道。」

「我也覺得不公平，但是這個不公平的感覺，是因為我們把結果放在『老師知不知道』、『誰得第一名』的部分。如果我們把結果放在『到底誰學到了知識』，那你就不會覺得不公平了，因為作弊的人沒有獲得那部分的知識，是不會改變的事實。」

「喔。」妹妹不置可否。

好啦，我當然知道這種感覺很差。道理是道理，情緒歸情緒，這種不公平的感覺哪是三言兩語可以參透的。

「還有啊，作弊的人其實說不定很痛苦，他一點都不喜歡學這些東西，可是又會被懲罰。所以媽媽覺得，重要的是知道那個人為什麼想作弊，該怎麼幫助他。就像你，不會因為考不好而受到懲罰，那還需要花腦筋去作弊嗎？」

「對啊，作弊的時候應該很緊張吧。哎喲，好恐怖喔！」妹妹好像自己腦筋裡有了畫面似的大叫起來，整個「劃錯重點」。

湯姆的最大懲罰

「ㄟ，你還記不記得？《湯姆歷險記》裡面，湯姆用一堆怪東西跟人家換黃卡集點，得到什麼教會第一名可以換大獎，結果頒獎的時候人家抽問，湯姆亂答一通馬上穿幫！」我有時候真的很佩服自己的信手拈來。

「記得啊，湯姆在台上超緊張的，好丟臉喔！」妹妹記起情節，笑了起來。

「那你還記得，後來湯姆覺得最大的懲罰是什麼嗎？」

「嗯……好像是他喜歡的那個女生珮琪在台下，所以湯姆超後悔的！」妹妹又三八地笑了起來。

「對啊，被發現是遲早的事，而且湯姆不怕被打、被罵，老天反而用這種他最在意的方式拆穿他，你說是不是很厲害啊？」

為了不讓對話「歪」到男生喜歡女生這檔事，我決定趕快結尾：

「現在你倒是可以想想，如果你發現同學作弊的話，你會怎麼做呢？假裝沒看到？去告訴老師？還是自己跟他說？這也是個有趣的問題喔。」

★思考的延伸……

●為什麼要有考試？分數代表什麼？孩子跟爸媽的想法一樣嗎？分數好不好的標準怎麼定？由誰定？如果考不好，孩子的心情是什麼呢？

●若孩子考不好，老師或家長會有什麼懲罰？這些懲罰可以幫助孩子更了解教材嗎？如果不行，該怎麼改善這個情況？

●跟孩子分享自己的往事（自己有作弊經驗嗎？同學作弊時，你的感覺如何？有跟老師說嗎？……等），也順便邀請孩子聊聊現在遇到的情況。

●請孩子想像一下，如果因為作弊而得到滿分，心情一樣會很愉快嗎？會不會怕被人發現呢？這樣的話，是不是必須要一直作弊下去呢？

從生活小事學體貼

一定要「分享」嗎？

小孩：「這是新的，我不想借別人用。」

久違的高中同學帶著一雙兒女從美國回來，相隔快十年不見，五個姊妹們身旁多了六個小蘿蔔頭，想當然，我們這群婆媽們也帶著孩子一起赴約。

由於高中同學的孩子只諳英文，而妹妹的台語比英文還好，所以我特地帶了一套新的畫筆和小本子給她，當她覺得無聊或不自在時，還能有喜歡的事情做。

出門匆忙，好不容易烈日當頭下攔到計程車，鬆了口氣。

在車上，我翻出畫筆和本子，告訴她：「媽媽剛有帶這套畫筆和本子喔，等一下你需要的時候跟我拿。」

不料，她看到畫筆卻臉一沉地說：「我不想用這套畫筆，這是新的，等一下要是其他人想借，我不想借別人用。」

原來她「根據過去經驗」，已經預想好幾步可能會發生的情況。

「你不想借沒關係啊！你可以拿著去別桌畫就好。我以前小時候也會這樣。因為是新的嘛，會很捨不得。」

妹妹眼睛一亮。「真的？你以前也會？那你現在還會這樣嗎？」

「嗯，要看是什麼東西耶。如果是一個新的包包，我也會捨不得借人家背啊！但是像書啊、筆啊一些小東西，我現在就不會這樣覺得了。」

什麼東西，你願意借別人？

說到這裡，剛好下車。我們邊走邊找餐廳。

「那你小時候真的也會捨不得借別人嗎？」路上，妹妹又再問我一次。

「對啊，所以我大概可以了解。」

妹妹沉默了一下，主動開口：「不過，只要是舊的，我就可以借別人沒有關係了喔。」

我聽到後，直覺地反問她：「舊是什麼意思呢？用了幾次之後才算舊呢？一次、兩次，還是很多很多次呢？你可以想一想喔。」

其實，我一點都沒有想說服她的意思。妹妹當下的表情像是突然接到一顆來不及閃躲的球，有點困惑，也有些驚訝。

她沒有回答我。

那一天，妹妹沒有借出她的筆。

為什麼？是什麼？像什麼？

事後，我一直在想為何我會不加思索地提出這樣的問題。

大概是因為，這是我常和自己對話的「流程」。

我經常在心裡反問自己「為什麼」、「是什麼」、「像什麼」，藉由這幾個「什麼」來釐清內心複雜的情緒。情緒是自我反照的鏡子。梳理情緒，就好比是更新電腦軟體一樣的功能，更能認識和掌握脆弱的或堅強的自己。

雖然我信仰的教養之路是充分地理解、接受孩子的一切，但我也清楚，外面的社會互動和父母維護的世界有相當落差。和她進行這些對話，並非考驗她、為難她或帶有批判意味，而是希望她能更清楚地知道，自己的樣貌、情緒和價值觀由什麼組成。唯有愈挖愈深，才能將自我的意義建築在更穩固的基礎上，面對衝撞，就能同時有反省、調整的能力，和清楚堅持的肯定。

新禮物，借不借別人玩？

妹妹剛上小學時，開學的第一個禮拜，每天上午都要哭那麼一頓，原本精神很好的她經過這麼一折騰，八點不到就開始呵欠連連了。她努力想控制情緒、勉強自己鎮定的模樣令人心疼，於是，我主動買了一盒她最喜歡的樂高積木，犒賞她一個禮拜的努力。這位小姐回家後欣喜若狂，但因為第二天還得上課，她忍耐下來不立刻玩，說好等週五晚上再開封。

沒想到隔天接她下課時，知道她邀請隔壁班同學小潔到家裡玩。我心想，那盒新積木就大剌剌地放在地板上，這……不就是另外一場災難嗎？

趁同學還沒來時，我連忙提醒她，「妹妹，那盒新積木可以借別人玩了嗎？」

「不行啊！那是新的耶，我捨不得。」

果然不出我所料。

「那你要不要先收好？讓客人看到了又不分享，我覺得這樣沒什麼禮貌。」我直接說出我的建議，畢竟時間不多啊。

「喔，好，那我先把積木藏在窗簾後面，等我玩過一、兩次就可以借了。」

回想起來，我那時沒有對「藏積木」的地點有所「貢獻」，算是一大失策。

小客人來了，兩個人在房間裡窸窸窣窣地，突然間，聽到老實的妹妹大叫：「媽媽，怎麼辦？她發現我藏的積木了啦！」

這是不是史上最尷尬的時刻？

懂事的小客人一臉尷尬，連忙說：「沒關係，我不要玩也可以。」

我衷心地感到萬分抱歉和不捨，這件事就是擦槍走火，外加妹妹白目，但說到底誰也沒錯。

現場我沒多解釋什麼。小孩子對「人情世故」的理解能力有限，對於細微的心理變化也難以言語傳達，我雲淡風輕地請她們先玩別的，打算用實際行動來上這一課。

引導孩子照顧別人的感覺

晚餐後，我提議去買一盒樂高送給小客人。

妹妹一臉不解，也有點委屈，為什麼別人這麼容易就可以得到她等很久才能買的玩具？

「媽媽想送給小潔，因為她當時心裡應該感到不太舒服。我想跟她說聲抱歉。」我向妹妹解釋。

「為什麼要道歉？我有做錯什麼嗎？」

妹妹的反應如我所料地激烈。

「你沒有做錯什麼，媽媽說過，全新的玩具不想分享並沒有錯。但是，我們可以照顧一下小潔那時候的感覺。也許我不應該說是道歉，而是安慰。想想，若是你的話，會不會心裡覺得有點怪怪的？」

「嗯，可是她沒有說她很難過啊！她也沒有告訴我什麼，為什麼你知道她很難過，要買積木給她？」

看來，妹妹還無法完全想像一個人微妙的心理變化。

「對啊，小潔跟你都還太小，可能不容易說出感覺是什麼，但會覺得怪怪的。她不一定會告訴你，就像你不一定會告訴其他人你在想什麼一樣。但是媽媽是大人，我猜她會有這樣的感覺，我想照顧小潔的感覺。」

「可是我沒有對她做什麼啊！我不知道她會難過。」

「媽媽沒有怪你啊。你沒有做錯什麼，但我們可以更照顧別人一點，這跟錯不錯沒有關係。現在，我們挑一盒積木，請小潔帶著這盒積木來我們家跟你玩，你們都可以玩自己的新玩具，這樣好不好？」

「好，可是你要買多大盒的給她？」

我想我大概知道她在意的是什麼。

「小潔是你的朋友，你選給她吧！不過你想想你那盒積木的複雜度，若她一下子又玩完了，是不是回到老問題？」

後來，妹妹費心選了差不多難度的積木，我陪著她親手交給小客人。沒有道歉，只有再一次邀請。

柔軟的心，是勝過一切的力量

也許會有人認為，小孩子嘛，念念就好，何需這麼「嚴格」地把情緒攤開來講？這麼細緻的觀察，難道不會讓小孩子感到壓力？

的確，我也曾在這當中反覆思量。

對人情世故特別敏感、接受更多的隱性訊息，似乎會讓自己承受更多的「壓力」。然而，產生壓力的原因，可能來自無法處理這些訊息，反而讓自己綁手綁腳，因此，必須「搭配」著教導孩子的，就是該如何轉化為更周全的解決方法。

其實，能夠學習這種能力的孩子，也可以在日常生活中自尋樂趣，一沙一世界。不會有任何一種特質或能力，只帶來負面的效益而沒有正面的助益。

孩子對他人的體貼，也許未來未必能為他帶來什麼具體協助，但是這份體貼能替自己營造一顆柔軟的心，才能擁有自己的力量，足以度過任何難關而不必靠誰。

為了做到尊重孩子的個性和情緒，做父母的，有時候必須承擔來自內心和外在社會的心理壓力，若我們可以再多做一些，向孩子示範維護自我感覺的同時，也能多替別人著想一點、舒服一點，那麼反過來想，是不是也替自己爭取到更大的空間呢？

★思考的延伸……

●請孩子回想一下，過去曾分享的美好經驗和「不甘願」的經驗。

●有哪些狀況下，孩子並不喜歡或不想要分享？

●不分享，就代表「不合群」或「自私」嗎？反之，分享，就是慷慨大方的行為嗎？

●我們是否尊重孩子們的意願和決定？每個年紀和階段會有什麼不同的變化嗎？與孩子的生活經驗有沒有關係呢？

人際關係的應變和表達

他不帶衛生紙，都用我的怎麼辦？

到底是孩子不高興？還是爸媽不高興？

不管是幼兒園或小學，老師都會請孩子們各自帶衛生紙到校使用。沒想到這件看似再平常不過的小事，卻在網路上引發一陣討論。

有位媽媽首先發難，留言徵詢網友的意見。

我家兒子一包衛生紙用不到半個月就說沒了，我問他怎麼用這麼快，兒子就說：

「有個同學不自己帶，每次都抽我的用。有跟他說要自己帶不要抽我的，但是他不聽，還是來抽我的。」

請問大家該怎麼辦？該告訴老師嗎？

底下的留言串大略分為三派：

第一派就是請老師處理，告知那位同學應該要自己帶，順便了解一下原因。

第二派則是傾向不用計較，衛生紙事小，可能那位同學缺乏照顧，讓孩子大方分享不是什麼問題。

第三派則是建議教導孩子如何拒絕別人，從這件事學習自己解決，不要什麼都請老師處理，告狀說不定反而造成同學間的心結。

這個問題之所以引起我注意，是因為這類「小事」其實充斥在你我身邊。

在職場上，總是有些同事從來不做小事，老是「拗」你幫點小忙；或者有些朋友，老是喜歡占點小便宜。你可能心裡感到不舒服，但又覺得講出來是小題大作，於是不痛快地相處著。和平過日子倒是沒什麼問題，只不過跟那個人也就差不多這樣了。

我可從不認為大人比孩子會解決這種事情。要不，哪來這麼多職場問題？

如果是你，你會有什麼感覺？

我好奇地向妹妹描述情境，然後想聽她的反應。

「如果是你，你會有什麼感覺？」

「我會覺得不高興耶！一次、兩次忘記沒關係，要是他一直都不帶，我不想借的話，會藏起來不給他抽。」

果然是天蠍座的，我都沒想過這招。

「那你怎麼分辨他是故意的，還是不小心忘記？」

「我會觀察啊，媽媽，我分得出來耶！」嗯，順便給我一個衛生眼，一副我小看她的樣子。

隔天，到班上去當故事媽媽，說完故事後還有點時間，我就拿這個問題出來問問大家。有一個小男生舉起手來，說：

「可是我不會覺得怎麼樣耶，要用就用啊！阿姨，那你呢？你也會跟他們一樣覺得不高興嗎？」

我誠實地點點頭，卻心想這下可好，衛生紙事件愈來愈複雜了。

當孩子覺得無所謂……

這個小男生的反應提醒了我，關於「借用」衛生紙的問題，到底是誰感到不高興？是孩子？還是媽媽？

如果孩子一點都不覺得怎麼樣，那麼身為家長的，有需要告訴孩子應該覺得不舒服嗎？應該「提醒」孩子該感到生氣嗎？

人際關係是門藝術，既然孩子覺得無所謂，那麼我們也無須在旁撇弄是非，反而讓孩子感到困惑、不快。

不過，大多數的人可能都像我和妹妹一樣，借幾次之後就開始心裡不舒服，那麼，又該怎麼表達和處理呢？

「藏起來」，可能會讓對方轉移目標，暫時解決自己的困擾。這聽起來像是個「軟釘子」，不過，畢竟自己老是要躲躲藏藏的，絕非長久之計。

小心無限迴圈，跳出負面情緒的陷阱

沒想到這個問題竟然讓我想這麼久。我打算和妹妹討救兵，說不定我陷入大人的迷思裡，把簡單的事情弄複雜了。

「妹妹，上次我問你要是有人一直不帶衛生紙那件事，你還記得嗎？」

妹妹點點頭。

「會不會是因為那個同學家裡有什麼問題，所以沒辦法帶啊？我們好像都沒有想到這點？」

「嗯，對啊。說不定他用衛生紙很浪費，他媽媽不讓他帶，或是規定他一個禮拜只能用多少。」妹妹隨口就說了兩套劇本。

「也是有可能。那你會跟老師講，請老師跟他說嗎？」

「我會直接問他為什麼不帶啊！如果他說的理由我可以接受，那就可以用我的；如果別人可以接受，那他就會用別人的。除非我不讓他用他還硬搶，我才會告訴老師，那老師就會跟他媽媽說吧。」妹妹回答。

「那要是他都不改變，怎麼辦？」我還在迷宮裡出不來。

「媽媽，你不是告訴我，我們沒辦法改變任何人嗎？又不會一直碰到這種人，所以不要花腦筋想了啦！我不想再討論這個問題了。」妹妹將對話劃下句點。

看到這裡，說不定有人會噗哧一聲笑出來，這什麼微不足道的小問題，怎麼會鑽牛角尖成這樣？

是啊，但仔細想想，人生還不少這種「鳥事」困住自己，只是每個人的鳥事不太一樣而已。身為父母的我們得小心這樣的無限迴圈，學學孩子的大氣和灑脫，哪天也反過來協助孩子跳出負面情緒的陷阱，而不是陪著孩子繞圈圈喔！

★思考的延伸……

● 通常我們和孩子討論的事情，是我們在意的觀點，還是孩子的感受？
● 有沒有什麼事情是孩子毫不在意，但父母卻很放不開的？這個落差從何而來，會造成衝突嗎？

認同自己，擁有自信

我們不想跟他玩，就是霸凌嗎？

小孩：「媽媽，什麼是霸凌？」

曾經有某兒童福利團體和家長團體，同聲要求NCC調查《哆啦A夢》這部卡通，認為卡通內容有諸多刻劃霸凌的情節，可能會影響判斷力不足的學童模仿，擔憂校園霸凌現象日益嚴重，並要求停播下架。

停播不是小事，網友們掀起正反論戰，連日本網友也來參一腳，為胖虎抱屈。

妹妹其實也滿常看《哆啦A夢》，這樣想起來，還真不知道她大班的時候到底看懂什麼？什麼沒看懂？那現在上小學了來看，又會有不同的「領悟」嗎？

透過故事，討論現實情況

那天，去圖書館還書時，順道借了本書名副標寫著討論校園「霸凌」的繪本。

「媽媽，什麼是霸凌？」

嘻嘻，就是要你開口問我啦！

「嗯，我們先讀繪本的故事，再來解釋，說不定會比較清楚。」

這個故事，就是校園裡誰叫誰不要和誰玩，並慫恿其他人一起嘲笑誰的典型情節。

念完後，我問妹妹：「你有比較清楚霸凌的意思嗎？」

妹妹搖搖頭，說：「不跟誰玩就是霸凌嗎？媽媽，有時候我也會不想跟誰玩啊！」

「嗯，但是你不會嘲笑他，或是去告訴別人也不要跟他玩，對嗎？霸凌的意思不是講你的選擇，而是你的行為有沒有造成別人心理或身體的傷害，而且別人沒有辦法反抗或改變。這也不是指一次、兩次的吵架或打架，而是長期地這樣對待別人，這種才叫霸凌。」

妹妹看起來在思考，我繼續說：

「舉例來說，有些人像是小霸王一樣，大家都要聽他的，不然他就要揍別人，像這樣可能會讓小朋友心裡感到害怕，這就是霸凌。或是到處說某個人的壞話，叫大家不要跟他做朋友，雖然沒有暴力，但也算是霸凌的一種。還有像是動手打人、踢人，和什麼丟垃圾到你桌上啊、書包裡啊這種，就是很明顯的暴力霸凌。」

為什麼你們大人想不通啊？

解釋完之後，我試探性地轉換話題。

「說到這裡，妹妹，我今天看到一則新聞，說有些人認為《哆啦A夢》會教壞小孩霸凌，希望不要再播。你覺得呢？有沒有什麼情節真的是這樣啊？」

「《哆啦A夢》？拜託，哪有啊！」妹妹突然高分貝戲劇式地回答，真把我嚇了一跳。

「他們說什麼胖虎很凶啊，每次都欺負大雄，讓他很害怕才去找哆啦A夢求救。還有，小夫每次都故意跟胖虎說大雄的壞話，這些都可能會讓某些小朋友模仿起來。」

「他們是好朋友ㄟ，不然，大雄為什麼還是會去找他們？胖虎就是比較凶的人，那是他們在玩的方法啦，也有開玩笑的時候啊！為什麼你們大人想不通啊？」妹妹竟然還用手指了指太陽穴，也太激動了一點。

我忍不住笑了出來，妹妹呱啦呱啦繼續說：「我覺得《哆啦A夢》很好看，因為哆啦A夢都有很多法寶啊！那些法寶每次都不一樣，很厲害，就是要幫大雄才有這些故事啊，而且每次他們最後都有和好，不要亂想啦！」

「可能你是這樣，但不一定所有小朋友都是這麼想，就會有些大人希望小孩都不要看，免得有一些小朋友自己不會想就亂學。」我趕緊插話補充。

「就算有一個是這樣，也不能就說全部的小孩都會學啊！而且那一個小孩，你們大人可以教啊！好了，我不想再討論這個話題了。」

妹妹大概是覺得我們大人「很盧」，愈說愈氣，最後懶得跟我廢話了。

是啊，請問誰可以證明校園霸凌事件與看《哆啦A夢》有關呢？

我們有陪在孩子身邊嗎？

自從「霸凌」這個詞出現以後，雖然拉高了我們對校園安全以及人際關係的關心層次，無形中卻也增加了家長們的焦慮和恐慌。媒體也許是推波助瀾最大的黑手，發生了什麼校園事件都歸因到「霸凌」，卻忽略老師、家長們造成的影響和應該擔負的責任。我們焦慮指責的對象都是別人，但鮮少問問自己：

「我有陪在孩子身邊嗎？我提供什麼協助了嗎？」

把責任往外推給別人，即使那個「別人」也還只是個孩子——我認為，這才是整個社會和大人對孩子們最深最深的「霸凌」！

舉例來說，若「我的孩子人際關係不好，沒有同學想跟他玩」，這是孩子遇到的「生活問題」？還是「人際關係霸凌」？我們該輕易地把霸凌的觀念套用在孩子身上，還是可以更細膩地協助孩子處理各式各樣的生活經驗？

被貼了標籤的小男孩

妹妹念幼兒園時有位男同學，是一個可愛、活潑，心思敏感又細膩的小男孩。上小一之後，分在妹妹的隔壁班。

他在幼兒園裡人緣很好，進了小學，卻被貼上「問題學生」的標籤，班級老師對他呼來喚去地大聲喝斥。好幾次下課時，他跑過來和妹妹講話，也被老師嫌惡地叫回去念幾句。

功課跟不太上的他，成為老師的眼中釘，老師甚至打電話給家長，委婉地表示應該讓他去上「外面」的安親班，加強功課。

到了一下，這個小男孩只好報名校外的安親班。

有一次放學時，我們在校門口遇到了，他輕聲告訴我說：「老師不喜歡我，安親班同學都不想跟我玩，我好不想去安親班。」

「你有跟爸爸媽媽說這件事嗎？」我開口問他。他點點頭。

「爸爸媽媽怎麼說？」我再問。

他們家裡開餐廳，爸媽都溫柔善良，無奈店裡忙碌，自己都已經累得半死，真的分身乏術。

「爸爸說我自己要好好加油，他現在都會陪我念完書，再去店裡。媽媽說我可以找我喜歡的朋友出去玩，她會讓我去。如果我功課有進步一點，下學期就可以不要去安親班了，不過，不知道說真的假的啦！」他的臉上露出一絲安慰的笑容。

「嗯，安親班同學在上學期都很熟了，你下學期才加入，大家需要時間跟你認識，你給大家多點時間好不好？」我蹲下來看著他說，小男孩點點頭。

「你在外面還有朋友啊？怎麼這麼厲害？」我好奇地追問。

「對啊！哥哥喜歡練自行車，我就跟著他去，那裡有另外一個哥哥跟我一樣喜歡跳舞和打電動，我們會一起研究破關和看跳舞的影片。」

一說到跳舞和打電動，他整個人都亮起來了。

外面貼的標籤，回家輕輕撕掉

小男孩的哥哥是個國三生。我想起他媽媽曾經跟我說，哥哥在學校的人際關係也不好，不太有人跟他說話，大多獨來獨往，不過，也沒什麼人會欺負他就是了。

倒是這位愛騎自行車的哥哥跟媽媽分享，認為班上同學的興趣都跟他很不一樣，大家沒話聊很正常，他自己一個人也不覺得怎麼樣，不想特意加入哪個小團體，叫媽媽不用太擔心和緊張。

這位媽媽從來沒想過霸凌這回事。她認為孩子間的表達非常直接，當事人當然會感到被冷落而不是滋味，就算自己的孩子沒有什麼問題，那也是他們難免會碰到的經驗。也許一、二年級的班級同學跟孩子不和，但三、四年級說不定就好了。如果在學校人緣很差，也可以想辦法培養其他的朋友。

至於老師本身，說不定就是讓其他同學貶視孩子的原因，更不可能去請老師協助什麼。

這對爸媽擔心歸擔心，但從來不傳達給孩子負面訊息。孩子在父母的支持下不覺得寂寞，並嘗試去其他團體找朋友。別人在外頭給孩子貼的標籤，回到家來輕輕撕掉，而不是再加強孩子「受害」的心態。

每一種生活經驗，都是重要的轉折與學習

其他孩子也許有類似輕重不一的經驗。做家長的絕對會擔心是否會造成孩子自卑、不想上學等副作用，但是，每一種生活經驗都可以是重要的轉折與學習。想培養孩子堅強、自信的性格，那麼得先擺脫尋求「外在肯定」的習慣，自信往內找，陪著孩子找到自我無可取代的價值，自然就能與挫折、壓力相處，不會受外在環境影響而起伏了。

不受他人影響的柔軟和堅強，怎麼會被「霸凌」呢？霸凌者挑選對象時，也會找軟弱膽小、好欺負的啊！

「阿姨，你好久沒來我們店裡吃飯了，什麼時候要再來啊？」小男孩每隔一段時間就會熱情地提醒我。

「好好好，我馬上打電話跟你媽媽預約喔！」

這麼體貼又會招呼人的孩子，相信一定能在爸媽的愛裡找到方法，想辦法「破關」的吧！

★思考的延伸……

「想像」，也是重整秩序的一種方式

在電視看播出電影《大夢想家》，這是一部描寫華特．迪士尼為了爭取《保母包萍》的電影授權，跟實際又陰晴不定的作者過招的故事。簡單地說，如何說服一個不相信夢想、對歡樂感覺陌生、內心充滿懷疑的人，相信希望和想像力可以讓許多人幸福？

這是不是也曾經困惑著為人父母的你我？即使大家重視想像力，恐怕也是因為背後極為「現實」的考量：希望自己的孩子有創造力、有創意，因為聽說這是未來很重要的能力之一。

可是，我們真的感受過想像力產生的力量嗎？有過讓想像力帶領我們飛翔的經驗嗎？

想像力不只是拿來創作的。多少次我生氣的時候，用想像力發了一頓很大的脾氣；多少次我對事情沒把握的時候，就用想像力想了十二種劇

本；甚至我想像著自己想要扮演的角色，在想像空間裡過足了癮，然後也許下了公車回到現實，那些心中小小的波動、狂烈的風暴都能得到空間翻滾吹拂，最終回到萬里晴空的光亮平靜。

是的，想像力能恢復秩序，想像力能掌握憂慮。

快樂，是最後的萬里晴空。

最後作者同意授權，並在首映會裡療癒了童年的傷口。迪士尼能讓人快樂，不是因為這些角色玩偶，而是他們找到通往每個人內心的那扇門。哆啦A夢的口袋，或許也是一種運用想像安撫自己的方式，說不定裡頭還藏著未來科技的原型。我想讓孩子保有想像力，這樣他們就有治癒自己的能力，也有影響他人的能力。那麼，還有什麼是做不到的呢？

建立國際觀，從身邊開始

為什麼他的外婆家在越南？

小孩：「今天同學教我們說越南話，好好玩喔！」

上小學之前，妹妹念的幼兒園像個小聯合國一般，曾經最多有六種國籍的孩子在一起。她念的倒不是什麼雙語學校，而是外籍配偶的孩子占的比例愈來愈高。

幼兒園的活動不少，運動會、親師會、發表會、校外教學……漸漸地，從小班念到大班的家長們臉也看熟了，開始有點頭寒暄，或聊上兩、三句的互動。

還記得那是接近畢業典禮的夏天，我準備帶妹妹去自助旅行一趟，於是請她自己向老師請假兩週。

放學回來，我問她，跟老師說了嗎？

「嗯，我跟老師說了，而且我知道陳某某也跟我一樣，要請假兩個禮拜喔！他媽媽要帶他回外婆家。」

「喔，兩個禮拜耶，都是在外婆家玩嗎？」我一時沒反應過來。

「媽媽，陳某某的外婆家在越南啦，他說他們要帶外婆一起，全家出去玩喔。」

妹妹一說，我就記起陳小弟的爸媽了。爸爸是台灣人，老實又靦腆的臉上總是堆滿笑容，媽媽是越南人，很有活力的一個女人。

發自內心的滿足和快樂

旅行回來之後，趕上拍攝畢業照，恰巧在走廊上遇見陳小弟的媽媽，我們就這麼聊了起來。她開口便說：

「哎呀，你們兩個變好黑喔！聽說你們去台東玩？」

雖然沒預料到這樣的開場白，但我很喜歡一點都不扭捏的感覺，一下子距離拉近，就像老朋友一般。

「對啊。聽說你帶弟弟回越南，每年都會回去玩嗎？怎麼你都沒變黑啊？」我看她皮膚依然白皙，看來美容話題還是最好的破冰語。

「沒有每年回去啦，所以一次回去久一點，讓外婆好好看看孫子，一下子就長大很多了。這次我們還有去下龍灣玩，你有去過嗎？」

她笑得合不攏嘴，我也感染到那股發自內心的滿足和快樂。

「有啊有啊，下龍灣很漂亮，船上也很舒服。你們全家一起去嗎？」地理白癡的我難得去過這個熱門景點，更開心話題又多了一些。

「我們這次存比較多錢，可以帶外婆一起出去玩，大家都好開心耶……」

聽著她滔滔不絕地分享家族旅遊趣聞，看著她閃閃發亮的臉龐，我突然覺得好感動，也好驕傲。

收拾好書包的孩子們打斷了我們的談話，她也得匆匆離開，回家張羅晚餐。

妹妹邊穿鞋，邊告訴我：「媽媽，今天陳某某教我們說越南話喔，他外婆教他的，而且他說他也教外婆學國語耶，好好玩喔！」

當下聽到這番分享，我竟然感動得說不出話。

看著孩子，想想我們自己

原來，我們台灣不只能讓夢想有實現的可能，更能讓遠在越南的外婆也感受幸福快樂。我更尊敬她的先生，用平等的心愛她、尊重她，一起在這塊土地上共同打拚，讓正面能量不斷向外擴展，幸福了千里之外的另一群家人。

這應該才是友善熱情的台灣人，不是嗎？我們的友善不應只針對金髮碧眼的外國人，更不是只在問路、借過這樣的事情而已。相較於東南亞國家，台灣的確在政治、經濟方面穩定許多；台灣對他們而言，不就像是當年美國之於我們的意義——那顆大蘋果，那塊什麼都可能發生的土地！

在孩子眼裡，越南語和英文沒有哪種語言「比較高級」、「比較實用」；在孩子眼裡，路上金髮藍眼的背包客和台北地下街裹著頭巾放假、聚會的，都是「外國人」。怎麼我們大人眼裡，對於國籍有著這麼偏頗的刻板印象呢？

將整個地球視為一體地關心

我上網查到更多令人振奮的故事：有位移民文學獎得主，在台灣念大學、考多益；

號稱「越南林志玲」的海倫清桃，出書寫下了自己的故事，激勵他人；屏東外配第二代的孩子自願念社工，幫助更多新移民適應台灣社會……

我將這些故事分享給妹妹，人在外鄉面對適應和競爭的雙重壓力，這些人的生命力多麼堅強，這一切是多麼不簡單。

妹妹聽完後，竟然記起電影《拔一條河》裡，煮得一手好家鄉菜、說話有點口音的那些阿姨們，問我是否她們也是嫁到台灣呢？我立刻點點頭。

「是啊是啊，妹妹你看，我們真的受到別人好多好多的支持和幫助呢！」

沒說出口的是：沒有了她們，還會有個像樣的家嗎？

然而，我們可曾給她們「家」的支持與溫暖呢？像妹妹同學的例子，能不能更多更多呢？

在我們的日常生活裡，新移民族群和外籍移工的蹤影到處可見：才藝班，接送孩子的阿姨們；公園裡，三五成群照顧老人家的女孩們；菜市場裡，奮力叫賣的老闆娘；工地裡，中午休息時間唱著家鄉歌曲的年輕人們……更別提假日的教堂外、各公園裡或台北車站的大廳，他們一邊野餐聚會，一邊唱著歌，樂天開懷的笑聲令人解憂。圖書館裡，東南亞語系的繪本、書籍也漸漸多了起來，想跟孩子介紹這群默默支撐著台灣的好朋友們，其實一點也不困難。

我們的土地若還能給人希望、滋養更多生命，何嘗不是我們的幸運？

「國際觀」並不是護照上蒐集了幾個戳章，而是將整個地球都視為一體地關心。國籍也許是一開始生命的根源，但哪裡能讓我們自由追逐夢想，那裡才是真正的家。

下一次散步到台北車站，看到大廳裡席地而坐的外籍移工們，也應該和妹妹說說另一種故事了。

★思考的延伸……

- 在孩子的印象裡，誰是「外國人」？（很多孩子都會以為是金髮碧眼而已。）同時有台灣和另一個國家身分的人，算是外國人嗎？
- 我們區分「哪一國人」的目的是什麼？有什麼功能嗎？
- 若全家人一起到了其他國家生活，你認為哪裡才是自己的家呢？

Part 3

在生活周遭的事

「原則」觀念的深耕

媽媽，到底為什麼不可以？

小孩：「這也不可以，那也不可以……到底為什麼不可以？」

連假期間出遊，碰上了各式各樣的家庭，不管去哪裡都人潮擁擠，也因此「狀況」特別多。

一整天下來，帶著孩子的爸媽最常說出口的話，絕對有「不可以」這三個字。

暑假天熱，帶妹妹去溪邊玩水。我們去得晚，溪裡早就有一堆孩子們泡水消暑，岸邊的爸媽們也懶懶地躺在陽傘下。

忽然，我們聽到一聲吆喝。下游沒什麼人的潭邊，有位爸爸大喊著：「弟弟，不可以撿石頭丟水裡，這樣不好。」

那個弟弟正準備丟石頭的手縮了回來，但是等爸爸眼光一轉，他立刻就把石頭丟往潭裡。

做爸爸的氣炸了，這分明是給他難看！於是他立刻拎著兒子回到岸邊，開口就是一頓罵。這「家罵」倒是有意讓大家都聽見，每個字我們可聽得清清楚楚。只是，罵了兩分鐘還沒停止，叫囂聲加哭聲，讓大家都心煩起來。

我和妹妹泡在水裡，我沒好氣地說：「到溪邊玩水，為什麼不能撿石頭丟水裡啊？這不是跟打水漂的遊戲差不多嗎？」

妹妹馬上接著說：「對啊！他又沒有丟人，是丟水裡ㄟ，石頭不是本來就在水裡的嗎？」

「來溪邊還不能丟石頭，那什麼時候才可以丟石頭啊？」我又自言自語地補了一句。

我觀察了一下那個小弟，他似乎有點刻意把石頭丟進比較深的區域，也許他正在測試自己對湖水深淺的猜測是否正確。況且，丟石頭並不會造成任何環境或生態上的破壞，對於家長的「禁令」，我實在摸不著頭緒。

我們這些大人，真能說出什麼道理來嗎？

生活裡，這種例子比比皆是。

去餐廳吃飯，媽媽說：「不要在座位上一直扭來扭去的，又不是毛毛蟲。」

去電影院看電影，爸爸說：「等一下電影開始之後，你不可以上廁所喔！要不要現在就去上？」

去公園閒晃，媽媽說：「不可以東摸西摸的，很髒，會生病。」

捷運行經途中，媽媽說：「不可以亂換座位，坐這邊就好，不要亂動。」

父母出聲阻止後，有的孩子雖然乖乖遵守，卻心有不甘；有的則直接出言反抗，演變成親子衝突。不管是哪一種，都大大影響了現場的氣氛和興致，長久下來，勢必也影響到親子間的溝通與良好關係。

不過，到底為什麼「不可以」呢？

我們這些大人，真能說出個什麼道理來嗎？

是真有原因，還是純粹看不順眼？

再來看看「不要亂動、亂扭、亂摸」這類的父母令。這些「不可以」看似體貼他人，實際上是「尋自己方便」，希望孩子不會打擾自己的活動或寧靜，或是不想冒任何風險，或者根本就只是「看不順眼」而已。

沒有人會承認自己這樣，但仔細想想，有些事情我們就是覺得「不好」，卻又說不出哪裡不好，其實這就是主觀的認定，白話文就是「看不順眼」。

這些主觀感到不太對勁的地方，就是每個人家庭背景、以往教育方式，以及自身個性整合起來的「經驗法則」。這大概就是以前我們說的「家規」，因為可能我家絕對禁止的行為，在別人家卻是家常便飯。

家有家規沒什麼錯，但家規內容若是不經過篩選，密密麻麻地都是「不可以」，毫無原則可循又無從記憶，難以歸納出重要的價值觀，那麼最後的結果就是：孩子吸收不了，直接用行為嘗試，家長只好每天在旁邊念念念的煩人場面。

大略來說，家長們的「不可以」分為三種。

第一種：尋自己方便而設的「不可以」

這是屬於最常見的種類，尤其是希望孩子乾乾淨淨、整整齊齊的家長們，只要有會弄髒、弄亂的任何可能，統統不可以。

舉例而言：不要踩水，不要亂爬，不要碰草碰花，不要亂坐亂躺……或者是希望孩子不要打擾自己的時候，那就：不可以一直吵媽媽，不可以跟哥哥吵架，不可以吵著要出去……等等。

只是因為我們不喜歡行為帶來的結果，就禁止孩子遊戲和嘗試的權利，會讓孩子失去許多機會，去了解自己的能力、個性與興趣。

不妨放寬標準，或是勤勞一點，這些「不可以」就會自然消失不見了。

第二種：為了他人觀感而設的「不可以」

這類的「不可以」，大多是說給別人聽的。

這種「臨時性」的不可以最令孩子混淆不清，像是：不可以動來動去，不可以換座位，不可以笑太大聲，不可以吵到阿姨……

這類的說詞雖然夾雜著不可以，卻比較偏向社交辭令，期待他人對自己教養的理解。

對於孩子在公共場合的行為，若有需要調整之處，應該清楚地給予指令或建議，協助孩子從事其他活動或轉移注意力，而非只有嘴巴式管教，不但毫無效果，更會耗損父母未來發言的權威。

第三種：解決自己焦慮和擔心的「不可以」

若父母自身過去有不好的經驗，或個性較為謹慎、保守，就會希望孩子不要有任何安全「風險」，例如：不要靠海太近，不要去登高健行，不要碰熱湯，不要太晚回家……或者是教養焦慮：不可以一直玩，不可以不學才藝……等等。

過去的經驗法則的確重要，然而，在發號施令之前，不妨將孩子的個性和長處一併考量進去。

比如，自己不擅長戶外活動，但是說不定孩子肢體協調，熱愛自然，那麼可試試請其他人輔助孩子，以避免自身經驗對孩子的限制。

你的「不可以」，禁得起考驗嗎？

檢視一下自己最常說的「不可以」有哪些？能不能「歷久彌新」地接受時間考驗，而且不會自我矛盾？

舉例來說，假設我們規定孩子「不可以」一直玩3C產品，那麼即便是我們不希望孩子打擾的時候，也都不能拿3C產品出來應付孩子。否則這樣的不可以，就是尋自己方便，但毫無原則可言了。

◎真心話

俗話說「物以類聚」，往往在我們親近的團體裡，也多是同質性較高的朋友，再加上網路分享的推波助瀾，一不小心我們容易放大自己的意見，彷彿這世界的人大多數抱有同樣想法。

在教養方面，更容易犯下這個錯。在某些場合結識的家長們，經常因有著相似的教養理念和行為而一拍即合，無形中更加強原有的觀念和做法，其他聲音進不來，自然也就無從討論起。

「不以人廢言，也不以言廢人」，隨時保持開闊視角和開放的態度，甚至參考相反的意見自我思辨，才有機會給孩子最適合的教養方法。因為你的「不可以」，說不定是他家的蒙特梭利，不是嗎？

★思考的延伸……

- 計算一下，自己一天之內說了多少次「不可以」（或類似的意思）？
- 上有政策，下有對策。回想一下，以前自己是如何因應「不可以」？
- 真正「不可以」的事情有哪些？我們也會大聲制止嗎？

溝通力與協調力，由此奠定

公園裡的鞦韆，一個人可以盪多久？

小孩：「到底盪多久，才算久呢？」

傍晚時分的公園裡好不熱鬧，除了放學後的孩子，還有學齡前的寶貝們也出來放風。僅有的兩架鞦韆，頓時成了搶手貨，好幾個小孩眼巴巴地看著盪得正高興的那兩個孩子。

妹妹也很想盪鞦韆，只是她看到人多，不願意排在隊伍中，所以先去旁邊玩別的。過了兩分鐘，等待的隊伍中有個孩子不耐煩了，朝向一旁坐著的媽媽大喊：

「媽媽，還要等多久？什麼時候才輪到我啊？」

打破沉默張力的這句話，攪亂了原本平靜的公園氣氛，只見其他孩子也紛紛表態，此起彼落地討論。一旁的大人也被拖下水。

「媽媽，他還要玩多久啊？」

「阿嬤，他們盪很久了耶，你叫他們下來啦！」

我看了一眼那兩個正在盪的孩子，兩人都不為所動，絲毫不受「社會壓力」的影響。

這時，一位阿嬤走了過去。

「ㄟ，弟弟啊，你盪很久了喔，下來換其他人盪啊！」阿嬤的口氣不怎麼好。

「我又沒有盪很久。」其中一個弟弟立刻反駁，接著繼續盪。

另一個則根本不理。

「你怎麼沒有盪很久？你看，後面還有很多人要盪耶！」阿嬤比剛剛更大聲了。

兩個孩子臉色有點變了，不過依然繼續盪。

阿嬤可能感覺沒面子，只好繼續一直念：「現在的孩子怎麼這麼沒家教？盪這麼久還不下來，公園鞦韆又不是你家的……」

話還沒說完，其中一位盪鞦韆孩子的家長跳出來了。

「什麼叫做沒家教？我們也是等半天才輪到我們，才盪不到十分鐘而已，有很久嗎？」這位媽媽大概是被「沒家教」的字眼給激怒了。

接下來就是她們兩位脣槍舌劍的時刻，吵得愈來愈不可開交。鞦韆上的兩個孩子覺得沒趣地下來，阿嬤的孫子立刻坐上去，另一個鞦韆反而空著，原本排隊的其他孩子們面面相覷，看著快打起來的大人們，似乎感到有些害怕。

妹妹靠了過來，說：「媽媽，我們回家吧！」

「啊，你不是也想盪嗎？現在有個空位耶。」

我故意逗她。她一向最害怕這種場面。

「我不想後面還有人在等。等改天沒人再盪就好了，又不一定要今天。」妹妹一副心情不好的樣子，看起來若有所思。

感受和處理方式不同，造成衝突發生

我們手牽著手走回家，一開始都沒有說話。

「怎麼啦？你是不是覺得氣氛很不好，有點害怕？」

我打破沉默直接說破，免得她又悶在心裡。

「嗯，對啊，我覺得為什麼都要這麼大聲？小孩子會覺得害怕耶！而且這樣變得什麼都不好玩了！」

「那你覺得剛剛的情況是怎麼回事呢？」

我想知道孩子理解的情況，和大人到底一不一樣。

「就是大家在排隊等啊，有人覺得等很久不耐煩，然後就去告狀了。」

看起來是這麼簡單沒錯。

妹妹接著問：「媽媽，到底還多久才算久呢？」

多久叫做久呢？玩多久才算公平呢？這似乎沒有標準答案。

我打算跳開妹妹「要多久」的邏輯，因為我覺得好像不是多久的問題，而是每個人的感受不同和處理方式不同，才會發生剛剛的局面。

「還多久」與時間感受的快慢

沒有正確答案的事情最適合拿來聊天了，我們就繼續邊走回家，邊聊下去。

「妹妹，媽媽覺得不是多久的問題耶。就算大家講好還十分鐘好了，換自己還的時候會覺得時間過得很快，但是在等的時候又覺得很慢，不是嗎？」

連算命先生都跟我媽說「天生沒耐心」的我，對於這種感受最強烈啦！

「對耶！盪十分鐘真的很短，而且前面還有人在排隊，所以不只等十分鐘喔。」

對喔，我剛沒算到前面有人。

「嗯，所以就算是每個人都說好只盪十分鐘，一樣會有人覺得生氣吧，等那麼久才盪十分鐘。」

「對啊，而且又不一定大家都遵守承諾。」妹妹這時心有戚戚焉地說。

扯了一頓又回到原點，沒關係，轉移話題是我的強項。

「妹妹，我問你喔，如果後面有人在等著盪鞦韆，你會不會覺得很緊張？要是媽媽會很緊張，說不定連十分鐘我都盪不完，就下來了。」

這真是肺腑之言，不管什麼事情，我最受不了別人等我的狀態。

沒想到妹妹點頭如搗蒜地說：「嗯，會會會，我也是耶！這樣盪的時候一點都不好玩了。」

Bingo！這時候我突然腦筋一開——其實，這真的是個體與他人之間的關係問題。

大人吵架，感到丟臉的是孩子

有些孩子能夠同理他人焦急的等待心情，感受群體微妙的期待壓力；有些孩子則停留在「我想要」的重要性，尚未展開與群體之間的協調溝通，和接收其他人情緒訊息的能力。

若現場的孩子沒有一致討論，做出規範與共識，那麼「盪多久」的時間，就是每個人對外在壓力與內心期待的綜合結果。

外在壓力，不見得能承受得愈高愈好，這還得看內心選擇哪種價值觀來評斷事情。若孩子選擇不願同理，刻意忽略群體的期待，那麼，即使他顯現出來的抗壓性極大，也不見得是健康的處理方式。

然而，一味地要求孩子順從群體規範或社會期待，也無法促使孩子完整地使用自己的價值觀，去做判斷、去嘗試：我等了多久？我想盪多久，才覺得公平、舒服而愉悅？

當然，不論孩子是哪種反應，都與「沒家教」毫無關係。因為出聲吵架的大人，不僅示範了最糟的處理情況，也顯示出兩方都沒有能力了解自己孩子的個別差異與人格發展。即使現場發生衝突，大人們都可把握機會，讓孩子藉此了解個體與群體的相處藝術，盡力找到更多的解決方法和溝通之道。

回想現場情境，不難了解最後感到「丟臉」的，為什麼是孩子了。

★思考的延伸……

● 在公共場合發生爭執時，大人要主動介入嗎？還是被動地等待孩子求援？

● 小孩間的爭執，該如何避免成為大人間的戰爭？我們該給孩子什麼示範？還是不自覺地為了面子也要爭一口氣？

● 如果爭執現場無法達成共識，該怎麼辦？在孩子面前該如何處理衝突，比較妥當？

在對與錯之間，培養思考彈性

為什麼溜滑梯不能往上爬？

小孩：「只有我一個人在玩，為什麼不能往上爬？」

公園裡的溜滑梯和鞦韆，可說是小朋友最喜歡的遊樂器材；而事情的另外一面就是，這兩樣，也是孩子們人生中必有的爭吵項目雙冠軍。

鞦韆數量不多，有爭議的多半是等待多久、換誰盪的問題。溜滑梯則像是「進階題」，考驗家長和孩子的是：插隊、逆向往上爬、連續追撞。其中，「逆向往上爬」也是造成插隊爭議和追撞的主因之一。

不知道為什麼，幾乎每個孩子看見長長的滑梯，總有一股爬上去的衝動，這算是種「人往高處爬」的天性嗎？（別誤會了，我猜的是「避難天性」。）

大多數的老師或家長都會告誡自己的孩子「溜滑梯不能往上爬」，原因多為安全考量。不能往上爬的規則，的確能迅速建立起共識和秩序，除了沒有相撞的安全疑慮，也排除了任何插隊的爭議，否則一直乖乖在上面等待的小朋友，哪有機會等到空檔？

但是，把這個問題拿出來問問孩子，可不一定比核四議題簡單。

當溜滑梯只有孩子一個人玩，她溜下來後想往上爬的時候，還有多少人會阻止孩子這麼做？

這個流傳已久的爭議，意見大概分為兩派：

一派主張沒有人的時候，愛怎麼玩怎麼玩，畢竟不同的遊戲方法也是種創意。

另一派則堅持這是原則問題，而且就算沒有安全疑慮，也要有公德心的考量（用腳踩上去會弄髒滑梯）。

更細緻一點的討論與教養方式有關：若不同情境下的使用原則有異，是否會讓孩子混淆？是否會讓孩子覺得規則可以改變而無所適從？或者被聰明的孩子當成一種反駁理由？

溜滑梯大多是混齡使用，有些年幼的孩子若無法判斷，不就一團混亂，紛擾四起了？

溜滑梯的自創溜法

有天接妹妹放學時，她說要給我個驚喜，於是把我拉去學校的溜滑梯旁邊，展現一段「特技表演」，說穿了就是用一種看起來有點好笑，但其實很容易就跌下來的自創溜法。

對於這位謹慎「惜皮」的小姐來說，的確是目前人生中最大膽的肢體嘗試。

「媽媽，怎麼樣？很厲害吧！」妹妹得意地說。

「真的滿厲害的。你自己想的姿勢喔？練習很久了嗎？」

難得這麼大膽，當然要好好讚美一下。

「我跟同學一起想的，而且大家都練很久喔！」

「可是下課的時候，不是很多其他班的小朋友也在玩嗎？這樣怎麼練啊？不會弄到別人嗎？」我故意找麻煩地問。

真可惜溜滑梯旁邊沒裝隱藏攝影機，不然真想還原現場，看看小孩們怎麼「喬」事情。

「對啊！有別班同學的時候，我們就會幫忙看，如果有人要溜，就會跟自己的同學說不要練，人少的時候才會這樣玩。」

人生真有這麼美好？雖然我相信，孩子們的世界自有一套邏輯和難以言喻的溝通方式，但是，怎麼可能都沒擦槍走火？也許時機未到，我還是先耐心等待好了。

終於，擦槍走火了

果不其然，某天放學時，妹妹一看到我，立刻跟我分享今天發生的「大事」。

「媽媽，我跟你說，今天有一個二年級的人超凶的，他說我們不能這樣玩溜滑梯。」

「喔，那時候你們是怎麼玩的？」

看吧看吧，我就知道。

「我們就亂玩啊！那時候都是我們一年級的。大哥哥、大姊姊比較少玩溜滑梯了。」

「然後呢？」

「然後我跟同學就走了。」妹妹乾脆地說。

「全部的人都走了？」

「沒有啦，有一些其他班的還在，他們就改成正常地溜，可是我們不想那樣玩，就先去玩紅綠燈了。」妹妹補充說明。

「是喔，那時候，你有什麼感覺嗎？」我特別注意用詞，可不想當個挑撥離間的媽媽。

「我只是覺得那個二年級的很愛管，講話又很凶，結果他根本沒有玩，只是想學大人一樣管人而已。」

我大吃一驚，原來那個二年級的沒要溜喔？

「那……干他什麼事啊？你們大家又沒吵架。」我脫口而出。

「對啊！大概認為自己是二年級，長大了吧，想學老師跟大人的口氣，一年四班也有個男生這樣。」這是妹妹個人的解讀。

妹妹發表完高見之後，就開始說起明天想帶什麼東西去學校玩，我們針對溜滑梯的討論到此打住。

因為我發現，其實根本不需要討論。

別讓孩子陷入「一定要誰讓誰」、「一定有對錯」的思維裡

這似乎是大人自尋煩惱的問題。

面對衝突，孩子們的彈性很大：玩？怎麼玩？現在不玩？另外去玩什麼？因為他們不認為離開就是「認輸」，現在不玩就是「妥協」。如果我們大人沒有在旁邊碎碎念地「灌輸」孩子一些意見（如：這樣很沒規矩、很沒家教），那麼他們對於這些行為的

「評價」並不多，只會針對問題想辦法解決，而不是把問題愈弄愈複雜。

我們不夠相信天下的孩子們：不夠相信他們的純真善良，沒有孩子存心想欺負別人；不夠相信他們有能力判斷該怎麼應對；不夠相信他們彼此能溝通，他們的世界自有公平正義。

當然，我相信絕對有其他案例反映出不同情況，但下一次當孩子遇到問題時，我們能不能讓他們自己做出決定，無條件支持他們的決定而不評價？

別讓孩子陷入「一定要誰讓誰」、「一定有對錯」的思維裡，因為最後為難的大多是自己，不是別人。

★思考的延伸……

真實人生

除了文中描寫的經驗，當然，在其他地方也遇過全武行的激烈場面。雖沒有什麼統計數據，但巧合的是，幾次較大衝突的案例都發生在大小孩（五至七歲）和小小孩之間。

從旁觀察的猜測是，大小孩的表達速度與能力比小小孩成熟許多，而他們遊戲時較無耐心或無法理解小小孩的回應訊息，很有可能直接以推、拉、擠的動作，代替口語溝通。小小孩對突如其來的接觸來不及反應，而放聲大哭，這一哭，就容易讓陪伴的大人以「大欺小、大不讓小」的方式詮釋整個過程，接下來的氣氛自然更加緊張。

我的建議是：先帶著孩子在旁觀察正在玩溜滑梯的人，讓孩子自行理解當下現有的節奏與潛規則（每個滑梯可都不太一樣），引導孩子觀察其他同伴；當孩子自認準備好的時候，就可放手讓他嘗試融入，或許他會做出其他選擇甚至有其他反應。

與其當個現場制定規則的糾察隊大人，不如練習當個善於潛移默化的好教練。

進行真正的雙向交流

為什麼她不要我送的棒棒糖？

小孩：「我真的不想吃棒棒糖啊……」

又是一起情殺事件，告白未果竟殺人焚屍，最令人印象深刻的是他的同學說：「我不相信這是他做的，這一點都不像他。」

而在另一樁台大生殺害女友的案件中，那個男生悲傷地說：「我對她那麼好，她怎麼可以這樣對我？」

這句話深深地給我一個警惕：平常看來正常、開朗的孩子，卻都可能在某一件事情上過不去，然後做出令人費解的舉動。

在這些事件中，存有著大同小異的憤慨：別人「不應該」這樣對我。只是愛情剛好加深了情緒張力。

妹妹看到電視新聞時似懂非懂，我決定找個機會跟她聊聊，沒想到，這時機來得很快。

拿與不拿，到底誰委屈？

傍晚去公園玩，人潮眾多，剛到沒多久，我就看到遠處有個小男孩走向妹妹，遞了根棒棒糖，妹妹向他搖搖頭不知道說什麼，結果這個小男孩立刻生氣地大吼大叫。這一叫，把他的媽媽給喚出來了。

妹妹漲紅了臉跑到我身邊，眼睛充滿委屈的淚水。

「怎麼啦？發生什麼事？」

「他要給我糖果，我跟他說我不想吃，結果他就很生氣，一定要我拿。」妹妹從委屈變成愈說愈氣。

「喔，那他跟他媽媽說什麼啊？我在這邊聽不到。」

我看遠處小男孩還是情緒激動，他的媽媽安撫無效，感覺開始手足無措。

「他跟他媽媽說：『為什麼她不要？為什麼她不喜歡我的棒棒糖？』然後我就跑回來了。」

「好，我知道了。你先在這裡休息一下，我們等下再談。」我想讓妹妹先恢復情緒。

不料，這位媽媽牽著他的孩子走了過來。

小男孩有點緊張，但感覺得出仍然充滿怒氣。這位媽媽跟我點個頭示意後，竟然就開口跟妹妹說：「妹妹，這根棒棒糖是他最喜歡的喔！他很喜歡你，想跟你做朋友，才會給你的，你要不要吃吃看？」

妹妹搖搖頭，很小聲地說：「我不想吃糖。」

沒想到這小男孩一聽，立刻放聲大喊：「為什麼她不要？為什麼她不要？」

他的媽媽慌了手腳，哄著兒子說：「我知道你很傷心，你很想分享對不對？好好好，不要大吼大叫，她不知道這樣你會很傷心啊！」

聽到這裡，我忍不住要插嘴了。

沒想到還來不及開口，這位媽媽下一句就回頭對妹妹說：「妹妹，你就先收下來好不好？你可以回家再吃啊，不然他會覺得很難過。」

我完全反應不過來。

妹妹默默伸出手收下了糖果，這位媽媽像是解脫似的說：「好了好了，你看，小姊姊收下了，不要再哭了喔！」

小男孩哭聲漸收，媽媽鬆了一口氣，把他帶走。

練習表達真正的感受

他們母子倆一轉身，妹妹立刻把糖果丟給我，我趁機開口了。

「既然不想要，為什麼要伸手拿啊？」

「不然他就會一直哭，很吵啊！而且我一開始也有說不想吃啊。」妹妹無奈地說。

「他們沒聽進去，你可以再說一次啊，不需要勉強自己。」

「我不知道該怎麼說啦！他們走了就好了，反正我不會吃。」

「那你覺得對方會不會以為你改變心意了？可能願意跟他做朋友了？他喜歡你才會給你糖果啊，平常說不定人家跟他要，他都不給。」我慢慢接近主題。

「應該不會吧，我又沒吃，也沒說要跟他做朋友啊！」妹妹沒好氣地回答。

「那如果下次又碰到他，他又拿給你糖果，你收不收呢？」我開始出題。

妹妹沉默不語。

「當然，我們不一定會再碰到這個弟弟。但未來如果有類似情況，而你用剛剛的方式處理，你覺得能不能表達你真正的感受？還是必須一再地重複妥協呢？」

「嗯，可是我真的不知道怎麼辦啊！」

「那我們來討論看看，怎麼樣的方式，是你覺得做得到的……」

半套同理心，只會讓孩子以為「別人應該要同理我」

這位媽媽的口吻和做法並不陌生。

不斷強調「同理」孩子感受的教養風潮，讓身旁許多父母開始學習同理的口吻：

「我知道你現在很生氣，因為你現在就想要吃冰淇淋……」

「我知道你現在很難過，因為他不想跟你玩……」

……

第一時間同理孩子，的確能讓孩子當場獲得「情緒肯定」而逐漸緩和下來，也可避免壓抑情緒的發洩，然而，只求解決現場危機的「半套做法」，很可能只會讓孩子誤以為「別人應該要同理我」而已。

更多家長不自覺的行為是，「同理教養」在孩子情緒穩定後就劃下句點，沒有繼續深入討論，釐清現象背後的根本原因，只求息事寧人；或者相信孩子長大之後就會懂，接著就很有可能像那位媽媽一樣，「請求別人配合」、「改變情境設定」，然後一切迅速恢復平靜。

同理，是很好的教養開場白

然而，「同理心」應該是種雙向交流的情感，在同理孩子之餘，也需要孩子同時學習同理別人。

如果只是條單行道，無疑地就是傳遞「以自我為中心」的主觀視角，讓孩子喪失體驗其他情緒（像是嫉妒感、挫折感……）的機會，那麼孩子有可能愈來愈不容易理解現實，或者只能接受部分現實而已。

生活中，類似的情境層出不窮：當孩子反映「別人都不跟他玩」、當孩子抱怨「別人不配合他」……千萬別急著出手介入去更改情境設定，請耐心地陪著孩子體驗整個過程，甚至是恢復、療傷。否則，孩子只是暫時接受當下的理由，沒有想通重要的道理，就容易在心裡打上一個又一個的結。

同理，是很好的開場白。別忘了，當孩子因為同理的話語而平靜下來，那時才真正是「教養的開始」！

★思考的延伸……

●你是不是一個很擔心孩子生氣又不知如何安撫的家長？會不會擔心孩子不夠愛你，有時很怕看到孩子不開心？

●回想一下，自己平時也很愛抱怨別人嗎？常常說出「要不是他……我才不會……」這樣的話嗎？

●遇到不能解決的問題時，孩子的反應是什麼？我們有過陪伴孩子完整經歷情緒的經驗嗎？

學會拒絕的藝術

我不想讓別人難過，要怎麼說「不」？

小孩：「為什麼有些人聽到人家說『不要』，就會發脾氣？」

公園裡小男孩的示好事件，開啟了我和妹妹關於如何「拒絕別人」的討論。妹妹明確說出了自己的無奈與困難：已經表達拒絕之意，卻沒有被他人接受。為了不讓場面尷尬，也不想讓別人難過或生氣，只好以「妥協」打發別人，忍耐地順著他人意願。

看似只有一個問題，對我而言，卻有兩種訊息隱含其中：「不想讓別人難過或生氣」，以及「不知道該怎麼表達才有效」。

外表看似溫柔的妹妹常常是別人主動示好的對象，雖然她心中主觀早有判斷，卻因為心裡多轉了幾個彎，反而讓自己不知如何是好。

於是，我們假設最常遇見的情境，當作練習題：

別的小孩主動分享食物或玩具表達友善，但是我不想要，該怎麼辦？

不想讓別人難過或生氣，真正的原因是……

「媽媽，為什麼有些人聽到人家說『不要』，就會發脾氣啊？」妹妹垮著一張臉，沒好氣地問。

「可能是表達自己被拒絕了以後，感到不舒服的情緒啊！比如說：覺得丟臉、覺得被否定，也不一定是針對你生氣。拒絕是你的權利，別人也有發洩情緒的權利。為什麼要在意別人的反應？為什麼要因為別人的情緒，而改變你的決定？」

「可是，這樣其他人看到了，會覺得好像我在欺負他耶！我又沒有。」

妹妹終於說到重點。

「嗯，看起來的確很容易誤會。我們沒辦法控制其他人怎麼想、怎麼看，我們還能做的，就是想想有沒有更好的方法或說法。」

「媽媽，我只是真的不想接受東西，不是想讓別人感覺我討厭他，那要怎麼說才好？」

「那就應該把真正的感覺直接說出來，比如說：其實你並不討厭他，你只是不認識他，所以還不知道能不能成為好朋友，但是可以試試看。」我實際示範一次說法。

「我知道了，還有，我可以說：『我不喜歡吃這種糖果，但我們還是可以做好朋友。』」妹妹馬上以此類推，而且整個人都開心起來。

「還有啊，『做好朋友』這種說法，每個人的認定不太一樣。媽媽知道在你心裡，好『朋友』是很特別的位置，需要很久的相處時間才能有這樣的感覺，但是對有些人來說，那只是一種表達想要了解你的意思而已。語言這種東西就是這樣，聽起來好像是同一個名詞，但是意思因人而異，你可以觀察看看是不是這樣。」

「我知道這個啦，就像你跟我說『你試試看』，是真的希望我去做。可是我們班上同學的媽媽要是跟她說『你試試看』，就是代表不准做的意思，對嗎？」

誰說小孩不懂這些「眉眉角角」？她說這些話的時候可是得意極了。

「對啦，你很厲害嘛！總之，就是把你感受到的善意說出來，這樣別人就能知道你的拒絕只是因為事情，而不會感到難以接受。不過，要是你剛好不喜歡那個人，不想理他呢？」

嘿嘿，這是進階題。

練習堅定的拒絕說法

妹妹聳了聳肩。我鼓勵她想想看。

「我不敢說，也不想說謊，直接離開就好了可不可以？」

個性耿直的妹妹，選擇了一個很「酷」的方法。

「離開是一種方法。還有別的嗎？人家也許會跟著你啊！哪有一招半式就可以闖江湖的？」問她的時候，我也在想。

「那就只好直接說『我現在想自己一個人』。媽媽，那你呢？」妹妹想了半天，好不容易才吐出這句話，然後把問題丟回給我。

「我會說：『可以試試看啊！不過我不喜歡你的態度，這樣我們應該沒辦法成為好朋友。』或者說：『我不喜歡人家逼我，黏著我，這樣應該也沒辦法成為朋友。』」

我的個性一向直接又不怕衝突，直接說出原因就代表我的誠意。

妹妹搖搖頭，說：「我說不出來這種話。」

「沒關係啊，我們的個性本來就不一樣。你剛剛那句『我現在想自己一個人』還滿不錯的，媽媽也很想學起來，因為那句話代表很多種可能。」

「什麼意思？」妹妹聽到我的肯定，原本不想討論下去的態度開始轉變了。

「就是你單純、誠實地描述現在的狀態，可是沒有否定未來。也許我們這時候不想，但之後可能對別人觀察更多，改變了想法，也不會失去交朋友的機會。真心想跟你交朋友的人，會尊重你的感覺；如果只是一時好奇、好玩的，就會離開。媽媽真的覺得這句話不錯。」

趁著妹妹開心而聽得進去，我趕緊繼續補充最重要的。

「如果真的有人纏著你，你還是可以直接走開，而且記得告訴老師或爸爸、媽媽喔！這樣我們可以幫助你判斷情況，然後一起想最好的辦法。」

學習尊重他人的開始

不遷就他人，是學習尊重自己的重要功課。

傾聽自己的直覺，才能保護自己；了解自己的情緒，才有辦法同理他人。照顧自己，也可以同時照顧別人，這兩者並不相斥，如此一來，人與人之間就會有互相諒解的空間產生，不至於瞬間劍拔弩張了起來。

練習更好的說法，是學習尊重他人的開始。如何表達清楚而不讓人誤解其意，則是門變化的藝術，讓孩子提早培養敏銳的感受，順應自己的個性練習溝通、談判，才有能力應對各種情境。

妹妹答應我，下次再碰到同樣的情況，要試試看新辦法，不再當個把頭埋進沙裡的大鴕鳥了！

★思考的延伸……

在平日的生活裡，其實充滿著「拒絕」與「被拒絕」的機會，尤其孩子們之間的相處非常直接，試著不迴避這類的情感挫折，協助孩子分析自我個性的弱項，不僅可漸漸累積經驗，也可同時訓練表達技巧。

● 跟孩子聊聊，當他被拒絕時的心情感受是什麼？會自我否定嗎？有沒有鼓勵自己的方法呢？

● 拒絕別人時，他會有罪惡感嗎？會被這樣的感覺要脅，而違背自己的意願或不敢做決定嗎？

愛心的真諦

博愛座就不能給其他人坐嗎？

小孩：「媽媽，為什麼沒有人坐這個位子？」

隨著捷運網絡愈來愈完整，搭乘捷運和轉乘公車的人也明顯增加，尤其假日一到，只要沿線有熱門景點的，必是從起站到末站都班班客滿。

有時候，我和妹妹好不容易擠進去，卻發現兩個深藍色博愛座空蕩蕩地等在那裡，對比周圍環繞的人群有點奇怪。雖然心中有點遲疑，不過因為身旁帶了個小孩，也就順理成章地和妹妹坐下了，儘管一路上仍然提心吊膽地，每站到了還是得東張西望，看看有沒有更需要位子的人。

對我而言，帶著這種半大不小的五、六歲孩子特別尷尬，合坐一個位子真的不太舒服，但坐著兩個位子又覺得自己占了小便宜，不過只坐一個，另一個刻意空著，我也覺得沒什麼必要。

還有一種時候，連博愛座都坐滿了「老弱婦孺」，通常遇到這種情況，帶著妹妹被讓座的機率少之又少，偶爾看著孩子不捨而起身讓座的，十之八九都是媽媽或資深長輩。

捷運松山線開通的前一個月免費試乘，黃金路線人滿為患，我和妹妹鑽進車廂裡，不意外地瞥見博愛座空著一個座位，旁邊坐了一位老爺爺。我示意妹妹坐下，我站在她旁邊，不料她卻搖搖頭。

「媽媽，我不想一個人坐。」

「我就站在你旁邊耶，這沒關係吧？而且我們要坐滿遠的。」我嘗試說服她。

「我不想旁邊有陌生人，不然你要陪我坐。」

妹妹的老毛病又犯了，不喜歡陌生人太靠近她。

「今天手上東西很多，很難合坐一個位子。如果你不想坐就算了，沒關係。」

孩子不累的時候其實腳力很好，我也沒堅持什麼。

過了兩站，妹妹抬起頭問我：「為什麼沒有人坐這個位子？」

「可能因為這是博愛座吧！」我低著頭邊找等下要去的地圖，邊漫不經心地回答她。

「博愛座就不能給其他人坐嗎？」妹妹接著問。

「當然可以啊！」我猛然抬起頭脫口而出，卻驚覺這是一個「簡單的大問題」。

我們對博愛座的定義，夠「博愛」嗎？

回想妹妹三、四歲的時候，我們搭公車坐博愛座，看到旁邊貼的藍色示意貼紙，便跟妹妹解釋四種老弱婦孺圖案的意思，並簡單說明「博愛座」讓這四種族群優先使用的功能。

然而，一個簡單的問題卻反映出了我給的答案太過刻板。

我們對博愛座這樣的定義，夠「博愛」嗎？

博愛座到底是展現社會的文明，還是恰恰限縮了文明的表現——愛心僅止於塗上顏色的地方？只限於這四種族群？

我開始好奇大家對坐博愛座的認知，於是有機會就跟身旁的朋友聊，不料，答案出乎我意料之外：

「我才不要坐博愛座咧！這樣每一站都要看有沒有人需要讓，壓力好大。」

「拜託，要是不小心被誰錄下來放在網路上，真的有苦難言好嗎？」

「我不敢坐啦，其他人都沒有坐ㄟ。」

沒過多久，新聞就報導了一則「孕婦搭火車讓座」的爭議事件：一位孕婦只有站票，於是先坐在空位上，後來持有座位的人上車後，她當然得讓出位子，但她卻覺得別人應該要讓位給她而心有不甘，所以這位孕婦就偷拍影片上傳網路，希望大家評評理。結果沒料到，持票的人也是剛懷孕沒多久的孕婦，於是關於讓座的心態、文化和侵犯隱私的議題，引發了連續幾天的熱烈討論。

沒有博愛座的台鐵，反而映照出每個人心中「禮讓」的標準差距甚遠，還有我們引以為傲的文明是如此地不堪考驗。我稍微回想一下以往出國的經驗，其實，直接標示博愛座的做法並非舉世皆然。

一個寫實的情境題

每個禮拜都搭好幾次捷運的我們，很快就碰上了另一個情境題。

下班時間的信義線班班客滿。剛上完畫畫課的妹妹還沒吃晚飯，這次看到博愛座就立刻坐下來，坐在她身旁的是一位老爺爺。

行經大安森林公園站，進來一批親子家庭，孩子們大多是三、四歲，還有一、兩個坐在娃娃車裡睡著了。

車一開動，三、四歲的孩子們搖搖晃晃，想必也是一整天下來沒什麼力氣。我環顧一下四周，沒人有動作。妹妹大概是看到我在搜尋位子，竟然自己站了起來，拉拉我的衣角說：「媽媽，我不想坐了。」

我蹲下來看著她，問：「但是你不是很餓、很累嗎？」

「剛剛坐一下有力氣了，我想跟你一起站著。」

妹妹堅持站著，雖然有點心疼，但我就依著她的決定。

親子團裡的一位媽媽連忙叫自己的小孩去坐去坐，弟弟坐下後哥哥抗議，最後兩個孩子共坐一個位子。旁邊的老爺爺原本睡著了，大概被兩個孩子碰觸到醒過來，看看情況也站起來，叫其他幾個孩子們一起坐下。

於是，博愛座換了一輪，其他人繼續安靜坐著。

博愛，是替別人多想一點

下車後，空氣好多了，我們恢復了點精神。刷卡出站的時候，妹妹突然天外飛來一句：「媽媽，剛剛大家都沒有讓座耶，那些小朋友都快跌倒了。」
「媽媽猜，你應該是想讓給小朋友坐才起來的，對嗎？」
「我站得比他們穩啊，雖然我很累，可是還可以站。」
我果然沒有猜錯。
「所以你覺得其他人很不應該嗎？」
「對啊，他們很沒有愛心，我覺得很不應該。」妹妹毫不留情地批判。
「說不定有人根本沒看到啊！或者他們也很累呢？如果有人跟媽媽一樣有時膝蓋會痛，有人剛懷孕看不出來，有人上班熬夜兩天沒睡，這樣還是很沒有愛心嗎？」我試著將「隱性需求」用白話文說給妹妹聽。
「嗯，那樣當然可以不用啦。可是我們怎麼分辨？說不定真的有人就是不讓啊！」
「當然沒辦法分辨啊！一定有這種人存在。可是你做好事的時候，為什麼覺得別人一定要跟你一樣呢？做好事的目的是幫助別人，還是譴責別人不對？」
「是幫助別人沒錯，可是這樣很……不公平。」
我知道妹妹想表達的意思，剛剛好可以藉此做個小小結論。
「媽媽大概知道你的感覺。你知道嗎？不是每個國家都設有博愛座，這不是代表沒有愛心或沒有想到這些需求，而是他們認為本來就應該這樣，不需要特別標示位子提醒大家。設立博愛座也許是一種方法，提醒大家練習替別人多想一點、多體貼一點，慢慢地讓大家養成習慣；等到大部分的人都這麼做的時候，不這麼做的人反而會覺得怪怪的，這就是已經變成『文化』了。」

幫助一個人，可以改變世界

妹妹用僅剩一點的精神努力地聽，看來有點吃力，下次應該先吃飯再講，效果比較好。

「好啦！我們現在先去填飽肚子，再慢慢想。最後媽媽問你另外一個問題：給一個乞丐錢，可以改變世界嗎？」

不知為何，突然覺得這跟博愛座的問題有點相關。

「啊？只能幫到那個乞丐啊，哪可以改變世界啊？」妹妹回答。

「奧修大師說我們選擇幫助一個乞丐，不會改變整件事情、整個世界，但是會立刻改變我們自己，因為我們讓自己跟乞丐產生關聯。如果這種心理的革命持續不斷，那麼，有同樣感受的人就會愈來愈多，遲早有一天，事情就會開始改變。」

這段話好像是說給自己聽的。我也需要隨時鼓勵自己。

等下吃飽了，我們來討論一下孕婦搭火車讓座事件好了。

★思考的延伸……

●你會不會認為只是剛好坐在博愛座的人（非老弱婦孺），遇到需要讓座的對象時，應該比你更有義務讓座？你會先看情況等他們讓座嗎？

●若你是老弱婦孺，上車時，會先選擇博愛座還是其他的空位？為什麼？

●問問孩子，有觀察過博愛座的位置嗎？為什麼大多是在門邊或出入口附近呢？

●有沒有哪些人也很需要協助，但是看不出來的？比如說：剛懷孕還看不出來的孕婦、運動傷害剛開完刀的年輕人……這些「隱性需求」該怎麼表達或被尊重呢？

環境傳遞給孩子的重要訊息

為什麼有些老闆不歡迎小孩？

小孩：「這樣不公平，又不是所有小孩都不乖！」

蠢蠢欲動的我，又開始找理由計畫旅行。

打開電腦，妹妹和我一起看著網路上的各式民宿，我們一起挑選想要住的地方，並討論行程。好不容易達成共識了，也符合預算條件，興沖沖地點進線上訂房，不料，網頁上寫著「恕不接待十二歲以下的小孩」。

看懂國字的妹妹難掩失望，也有點忿忿不平。

「媽媽，為什麼很多老闆都不喜歡小孩？我又不會吵，你可以跟老闆問問看嗎？」

「民宿是主人的家，他們有權利決定誰可以當他們的客人。就算我們不認同他們的想法，也必須尊重他們。」我邊找其他家民宿邊回答。

「那為什麼他們不喜歡小孩？」

「這並不代表他們不喜歡小孩，也許他們認為那樣的環境不適合小孩，比如說，可能有特別的建築設計，小孩很容易掉下去發生危險；或是他們需要非常安靜，那麼小孩可能就無法自由自在，所以才會說明。」

我嘗試避免傳遞「負面」的訊息，以正向的方式解釋他人行為。

「可是我不會吵，也會很小心。」妹妹信誓旦旦地再次保證。

「媽媽知道而且也相信你，但是民宿主人不認識你，要如何證明呢？吵跟不吵要怎麼分呢？每個人標準不一樣，萬一主人跟客人想法不同，要聽誰的？所以才會統一規定，這是沒有辦法的事情。」

「但是這樣不公平，吵的跟乖的都一樣耶！」

是啊，媽媽也覺得不公平。

為了完成旅行計畫，我們暫且擱下這個問題，只好開始找所謂的「親子民宿」。

一個人的行為，也可能會產生影響

過了沒幾天，妹妹突然提起之前帶她去過的一家雜貨風餐廳，上網查電話準備訂位時，赫然發現一張大公告：即日起不接待十二歲以下的孩子，敬請見諒。

妹妹真的生氣了！

「我明明就去過，為什麼現在又不能去了？」

「上面好像有寫，有些小孩亂跳亂弄，把裡面的東西都弄壞了，老闆很心疼也很生氣，所以乾脆就禁止啦。」我邊看網路說明邊解釋。

「啊那些小孩的爸爸媽媽呢？又不是所有小孩都那樣！」

她真的被拖累到了。

「媽媽，你打電話跟老闆問好不好，如果老闆記得我，一定會讓我去的。」妹妹主動要求我。

針對妹妹的要求，我沒有馬上打電話，而是到網路上留言給店家，提供一些線索讓他們回憶，是否還記得我和妹妹。因為我們是這家餐廳剛開幕沒多久的客人，有兩次都是整間店只有我們母女，我猜想也許有機會留下點印象。

果不其然，店家立刻回覆有印象，並表示非常歡迎。

我把這個好消息告訴妹妹，讓她知道，她的行為也能稍微影響別人的看法，甚至是做法。

我們給「小公民」什麼樣的環境？

因為這兩次經驗，我們開始隨意地聊起印象中的「空間感受」：

在圖書館裡，即使是兒童閱讀區，孩子們也要輕聲細語。

公園裡的噴水池不能玩水，不能躺草地，不能爬樹玩。

在火車、高鐵上，不論旅程多久，孩子們都要安靜坐好。

在博物館裡，沒有兒童專屬的區域和導覽，孩子們也只能看懂多少算多少。

或者，當有些爸媽想聚在一起聊天的時候，孩子們只能乖乖地坐在旁邊無所事事，要是跑來跑去就等著被賞白眼。

民宿和餐廳屬於私人空間，或許我還能勉強解釋得過去。但是，其他的空間呢？我們給這些「小公民」們什麼樣的環境？

雖然不一定是明文「禁止」，但我們的環境一次又一次地拒絕孩子。試想，若是自己一直這樣被對待，心中是很難產生友善和愛的感受的。

不論孩子乖巧與否，只要十二歲以下一視同仁，像不像在職場上不論員工努不努力，年終考績都一樣的感覺？還有，十二歲以上的人就不吵嗎？

再想多一點，這是對願意生小孩、撫養小孩的人進行懲罰嗎？有了孩子之後，我們的選擇只能更少？這個社會給我們的是支持，還是限制？生育獎金大概還不夠三次帶去「專屬」兒童遊樂區的錢吧！

這是因？還是果？有沒有更好的做法呢？孩子該如何「消化」這種感受？

這應該不是小孩的錯，我不想讓孩子覺得是「自己不好」。

善用公共空間，尊重私人空間

「妹妹，雖然很多地方大家都可以去，但是你知道哪些叫做公共空間，哪些是老闆自己開放的私人空間嗎？你要不要說說看？」

「嗯，圖書館是公共空間，車站是公共空間。餐廳是老闆開的，民宿也是。」

「沒錯，私人的空間，可以由每個人自己決定該怎麼使用，只要不違法，即使其他人不認同，也沒有辦法干涉喔！」

「那什麼是違法？」

「有可能造成別人危險或困擾的，比如說：在家生火、堆放垃圾發出臭味等等，雖然是在自己家，但味道或火災可不會只在自己家而已。」

話鋒一轉，我想打個比方。

「妹妹，你很不喜歡別人靠近你對不對？」

「對啊！」妹妹有點摸不著頭腦。

「可是媽媽就沒什麼感覺。所以，私人空間就像是每個人的個性一樣，有些事情，主人會特別在意，所以會設下這樣的規矩；當然也有例外，但那要由主人決定。就像你對某些人很快就覺得喜歡，再靠近也沒關係是一樣的。這並不是誰的問題，也不是做得好不好的問題。」

「喔！那也沒關係啦。可能跟我一樣要慢慢來。」妹妹似乎釋懷了一點。

「對啊！不過，公共空間就是另外一回事了。就算是小孩，也有權利使用那些地方，應該把小孩的需求也考慮進去。現在的空間開始考慮殘障人士、老年人的需求，我覺得小孩也應該被照顧到。」

不管她聽懂多少，我說就是了。

「對啊，可是大人又不會聽小孩的話。」

關於這點，她倒是很清楚社會現實。

「這需要慢慢努力，不過，大家要先有這樣的觀念才行。」

接納與信任，讓孩子自在地「當小孩」

沒說出口而我覺得矛盾的是，生育率下降，大家都把孩子捧在手掌心裡，那麼，為什麼我們捨得買昂貴的孩童衣物、玩具，願意撒大錢讓小孩上各種課程、出國去玩，但卻絲毫不願意給孩子更好、更自在的空間環境？

給他們完全無虞的自由。完全接受孩子天性的空間。

這不是才是最「奢侈」的嗎？

若我們用拒絕的態度逃避教養問題，把環境變成無形的牢籠，一味地「禁止小孩當小孩」，那麼心態不平、行為偏差的現象，恐怕只是自食其果。

★思考的延伸……

網路上針對「禁止兒童」的各項措施，有許多熱烈討論，其中，獲得許多支持的言論內容包括：「父母無管教之意，放任吵鬧」、「不尊重他人權益」、「會讓孩子沒有同理心」……等等，我也認為言之有理。到底矛盾之處在哪裡呢？

「吵鬧」是主觀的認定，老人家與年輕人對聲音的容忍度差異甚大，就連噪音的認定值都會因場所而異，那麼標準又在哪裡？

我們應該都同意「遊戲」是孩子的天性，這些衝突點來自於我們將「遊戲時發出的聲響」視為吵鬧，而當吵鬧的行為標準難以拿捏時，難免會出現「父母管教不當」的指責。

反過來想想，我們有多少戶外、室內的空間是容許孩子盡情遊戲的？或者說，當我們帶著孩子生活時，有多少地方的規畫是以孩子為主，還是我們期待喝著咖啡，他們也在旁邊安靜地坐一下午？

我相信全世界兒童的本質都大同小異，差別在於，國外的家長或孩子比我們擁有更多「空間選擇」，就能避免讓孩子總是在以成人為主的空間裡，因此在必須保持安靜的場合裡較能控制自己，畢竟那只是生活經驗的一小部分而已。

我們必須先還給孩子們該有的生活品質和遊戲經驗，就能看到能思考、會同理、懂自我控制的孩子，而我相信每一個都是。

公共空間展現的人性關懷

公園裡，哪些事不能做？

小孩：「公園是大家的啊！」

看完標題，請問大家想到的事情有哪些？亂丟垃圾？摘花、爬樹？還是新聞曾經報導過的那些妨害風化的誇張行徑？

我得承認，自從有了小孩之後，我才開始頻繁地踏進公園，在公園裡停留許久，甚至輪流造訪台北市內不同的公園。然而，經過以下事件之後，我不禁懷疑自己對公園的認知不足。難道有隱藏版的「正確使用守則」？

不能橫躺的公園長椅

炎夏的某天，我和妹妹興沖沖地造訪青年公園和太陽智慧圖書館。從圖書館出來後，準備吃點東西，於是我們到公園裡想找張長椅坐下，卻赫然發現，這裡的每張長椅中間都加裝了一個把手。

我對環境的觀察力一向遲鈍，努力回想去過的其他公園，像是大安森林公園、民生社區的好幾個公園，根本都沒有這種「卡」在中間的把手。

「妹妹，我問你喔，你記得公園裡的這種椅子中間都有把手嗎？」

妹妹觀察力和記憶力都比我好，問她就對了。

「沒有。」妹妹馬上回我。

「那這個把手到底是要幹嘛？這樣卡在中間很不方便。」我開口抱怨。

「對啊，我們兩個想抱在一起都不行，也不能躺在你的腿上睡覺。」妹妹馬上附和。

沒錯！突然間我領悟到，這可能是為了防範街友睡在長椅上的一種方法。

為了不讓自己亂猜測，立刻撥打一九九九，青年公園管理所的人親口證實了我的想法：為了避免遊民在長椅上橫躺睡覺，所以中間加了把手。

妹妹在旁邊專心地聽我講電話。當我一掛掉電話，她立刻難過地說：「公園到了晚上又沒有什麼人。他們已經沒有家了，為什麼不能睡這裡啊？」

不能踏青的公園草地

另外一個故事，發生在同一個夏天。

好一陣子以來，身旁朋友們流行起戶外野餐活動。我心想，反正帶孩子出去玩都得備齊食物和水，何不也來ＤＩＹ一下，和大家同樂？

於是，我和妹妹在後火車站買了五百元的竹籐籃，再去永樂布市買些零碼布，母女倆自己做了個野餐籃。

完工之後，我們全家興沖沖地去二二八公園野餐，找塊樹蔭底下的草地鋪開軟墊，孩子在附近奔跑，我則在樹蔭下看書。

沒多久，卻有巡視的清潔人員過來「關心」。

「小姐，這邊的草地是不能踩上來的，麻煩你離開。」

我感到困惑極了，大安森林公園、華山公園和河濱公園，到處都是野餐的人，難道那邊都沒有草地嗎？看看周邊環境，沒有發現任何禁止野餐的告示牌，於是我開口說明：

「公園裡應該沒有禁止野餐喔！如果你是擔心垃圾的話，我們會收拾乾淨再離開的。」

清潔人員一臉不悅地說：「隨便你，反正我已經告訴過你了，這邊的草地就是不行。」語畢他立刻離開。

我沒放在心上，繼續看書。

沒多久，又來了另外一位，他說不出為什麼不行，但就是要我們離開。不勝其擾的我們只好乖乖收拾東西，第一次野餐敗興而歸。

不能玩水的公園噴水池

關於公園的事情還沒完。

炎熱暑假裡，孩子最開心的就是玩水了，大佳河濱公園裡的噴水區，簡直是都市孩子的天堂；動物園廣場的噴水池，也讓孩子玩得很過癮。

這兩個地方讓妹妹玩上了癮，我們開心地上網查詢台北市其他有噴水池的公園：榮星花園、天母公園……等，約了朋友，想一起去玩個過癮。

沒想到，現場貼出沒有標明日期的維修公告，永遠是「明天」才會恢復噴水（當時水庫水量充足，沒有任何缺水之虞，因此不是限水或省水措施）。

好不容易找到警衛詢問半天，他才說等一下會噴五到十分鐘。我們乖乖地守在噴水池旁邊。

「媽媽，他說要維修，可是沒有人在這邊修啊？」妹妹覺得疑惑，噴水池明明就好好的。

「對啊，那個公告寫『明天恢復開放』，可是沒有寫日期，就永遠是到不了的明天！」

我下定決心要等到底，看看剛剛是不是打發我們的說法。

過了一會兒，果然開始噴水。孩子們高興地跳起來，在旁邊潑水、玩水，沒想到五分鐘之後水真的沒了，下一次不知道是什麼時候。

我們只好又回到警衛室，可憐兮兮地詢問下次噴水時間。

沒想到，警衛惡狠狠地回答：「噴了又怎麼樣？我會趕你們走。那不是給你們玩水的，那是景觀用的，要是受傷了怎麼辦？我可負不起責任。」

同行的朋友被凶了一頓氣不過，打了一九九九，電話裡的回覆是想玩水，請到大佳河濱公園，其他公園的噴水池不能玩。

妹妹和其他孩子們眼巴巴地望著噴水池，我們幾個大人無力地跟孩子們解釋：「他們說要去大佳河濱公園玩才可以。」

孩子們可是一針見血地指出問題：「他們知道那裡有多少人嗎？只有一個公園可以玩？很擠耶！」

是啊，景觀噴水噴五分鐘要給誰看？在大佳公園設一個噴水區，就能滿足所有的孩子嗎？空間設計到底應該符合誰的需求？

原來，在我們的公園裡野餐、玩水、睡覺這些事情，都不能做——或者應該說，在某些區的公園可以做，某些公園不能做。

沒有原則的標準，連大人都無所適從，又該怎麼教育孩子呢？

公共空間裡的設施，應該與人產生關聯和互動

公園是市民免費使用的公共空間，所有規畫應盡量營造友善環境，並以人性、人權為出發點，進行設計與管理。環保、安全已是基本條件，任何空間裡的設施，都應該具有意義，並與人產生關聯、互動，否則都可視為是某種程度的「浪費空間」。

不能親近草地、不能觸碰樹木和花草、噴水只為景觀，這些都有意識地或間接地在「剝奪」我們使用空間的權利，同時也縮小了實際的使用範圍。

我想，應該要讓孩子們知道，空間是屬於市民的，我們的自由不應輕易地被空間規

範，那是種無形的制約和掠奪。

公園如此，我們的山、我們的海、我們的森林，也是如此。

孩子們關於公共空間的討論

既然不能玩水，那就來跟孩子們聊聊好了。

「剛剛管理員伯伯說，噴水池不是用來玩水的，而且，要是不小心受傷就糟糕了。」

我盡量不洩漏自己對這件事的看法，想聽聽孩子們的反應。

「那要怎麼分哪些噴水池是看的？哪些是玩的？說不定是騙我們的。」其中一個小男孩率先發難。

「對啊！而且我們自己會小心，怎麼可以說我們一定會受傷就不能玩？」妹妹跟著忿忿不平起來。

「你們覺得公園是誰的？是大家的？還是政府開放給我們用的？」我提問。

「是大家的啊！」孩子們異口同聲。

「那公園裡應該要有什麼？可以做什麼？這些又該怎麼規定呢？」

「應該大家討論！」小男生再度搶答。

「那我們來試著討論看看，再跟現在的狀況比比看，也許就能告訴政府我們期待什麼樣的公園喔。我們先來想想，有誰會使用公園？哪些人最常來？」我們開始動腦時間……

當然，惡意破壞公園的個案不是沒有，但拿少數案例做為立法或立罰的依據，絕對是管理的怠惰，更是消極不為的負面示範。

台北市民要的不是人造景觀，而是生物互動的自然生態，這也是最常使用公園的兩個族群——老人與小孩，最佳的療癒方式與最具啟發的環境教育。

不正視，不表示不存在

至於遊民，則是另一個嚴肅的課題。

事實上，政府一直看不見這頭「房間裡的大象」，沒有輔導就業的政策，也沒有收容管理的對策，只希望「不要看見」他們。

街友們也許真的會躺在長椅上睡覺，好歹有個沒有人趕的地方；但要說他們會「睡太久」或「以椅為家」倒不至於，我想只是因為有礙觀瞻，或擔心增加清潔工作。

但是，立起一個把手，真的就沒有這些問題了嗎？還是連這城市最後的空間，也都拒絕了街友？

★思考的延伸……

●上網蒐集各國公園的圖片（主題樂園不算，須為免費的公共空間），比較看看和我們的公園有何不同？

●邀請孩子一起設計公園，孩子會想在公園裡從事什麼活動？有什麼特別的地方嗎？

●公園裡，還有哪些人？公園也符合他們的需求嗎？空間該怎麼分配或規畫，才能讓大多數的人自在地使用公共空間呢？

領會生命的多元面向

他們為什麼不回家？

小孩：「他們的家人都不管他們嗎？」

過年期間，全家照例去廟裡走春祈福。

從龍山寺捷運站一出來好不熱鬧，廟口前的廣場，滿滿的是出來曬太陽的人，裡頭有一大部分是當地的熟面孔——以此為聚集中心的遊民們，把隨身家當翻出來晾晾，有的下棋、打牌，有人打盹、有人聊天，乍看和一般公園裡的居民們沒什麼兩樣。只不過，經過他們身旁時多少有點異味，難免引來好奇眼光，但看來遊民們早已習慣，個個神情泰然自若。

一向對味道敏感的妹妹，走過公園時，把我的手握得特別緊，眼光謹慎卻充滿好奇。

直到拜拜完，她才開口問我：「媽媽，為什麼他們身上都有種怪味道？而且好像都帶著一堆垃圾？」

「他們有些是遊民，有時候我們也叫街友，意思就是住在街上的人，沒有固定的家，當然也沒有地方洗澡，可能好幾天或一、兩個禮拜才有機會擦擦澡，當然會有點味道啊！還有，那些他們帶的東西不是垃圾，對他們來說可能是撿來的用具，或是準備拿去變賣換錢的東西，不然他們很難有固定工作，就沒錢買東西吃了。」

「沒有家？那他們的家人都不管他們嗎？為什麼他們不努力一點？可以去找固定工作啊！」妹妹緊接著問。

「好問題，等下回家後，媽媽先找出街友的故事說給你聽，我們再來討論。」

《大誌》雜誌裡的故事

回到家後，我把去年向街友買的十二本《大誌》雜誌（The Big Issue）翻了出來。

這本每月一期的雜誌最後都會有篇採訪，記錄每位販賣《大誌》雜誌的街友的人生故事。我念了其中幾個人的故事，也跟妹妹說明這本雜誌的運作方法。

「啊？每次我們跟他買雜誌的爺爺也是街友？」妹妹一副不可思議的樣子。

「對啊！不然你覺得街友都一定是什麼樣子嗎？」

的確有很多人講到街友時，腦海裡多半也有刻板印象。

妹妹若有所思地沉默著。

「剛剛你聽到的都是真實故事。很多街友以前還是大老闆呢！只是人生遭遇很大的變化，他們一時應付不了；還有的是因為前一份工作受了傷變殘障，之後就很難找到工作了，幾個月後沒錢，走投無路，就變成所謂的街友。街友要生活下去並不容易耶！偷懶的街友早就餓死了。」我說。

「媽媽，為什麼他們的家人都不照顧他們啊？」妹妹再問。

「這原因就更複雜了。有些家人可能照顧自己都很吃力了，沒辦法再多負擔。也有些街友是自己選擇不和家人聯絡，可能當時欠債不想連累家人，久了也就不想再打擾了吧！這些都是媽媽聽到的，或許還有別的原因也說不定。」

如果有工作，誰不想做？

過了一段時間，家附近的當代藝術館有個活動，邀請一位街友藝術家「阿臺」，到藝術館前的小廣場現場創作。阿臺就坐在小棚子裡，一旁擺著簡單的工具，靜靜地運用紙箱廢材作畫。

妹妹不敢吭聲，也不好意思盯著他看，就拉著我走來走去，直到阿臺擺出第一幅完成的畫作，我才跟妹妹靠近畫作前仔細端詳。

回家的路上，妹妹開口問我：「媽媽，剛剛那個叔叔很有創意耶！這樣還找不到工作嗎？如果有人買畫，是不是就可以賺錢了？」

「有人買畫，當然就能賺錢，但那不一定是固定的收入，這也是街友最困難的一點。像媽媽以前在公司上班，只要去上班，每個月都會有薪水，這就是固定收入，所以可以計畫存錢、買貴一點的東西、繳你的學費，因為已經知道可以有多少錢。但是，大部分街友能找到的工作都是一天、兩天的臨時工，不知道下一次什麼時候才可以再賺錢，只能填飽肚子而已。」

「對啊，如果有工作，誰不想做？這樣怎麼可以說他們偷懶呢？」妹妹親眼看見街友們努力過生活之後，漸漸打破了一開始的想法。

「就算有錢，也不見得租得到房子喔！有些房東認為，說不定他們以後會欠房租，或是覺得不喜歡他們，就不願意出租。那沒錢租房子的街友，只好睡在公園、地下道或建築物的角落，結果竟然有人拿強力水柱沖他們，希望把他們趕走。還有的人就在橋下的河邊，自己弄一個小地方，這樣也不行，一樣說是違建要拆掉。」

我把知道的現況分享給妹妹聽。

「那他們到底該怎麼辦啊？我們可以捐錢給他們嗎？」妹妹天真又著急地問。

「捐錢，你要捐給誰呢？要捐多久呢？這樣他們就能夠自己照顧自己了嗎？還是要一直叫大家捐錢捐下去？」我反問回去。

妹妹搖搖頭說：「我不知道，好像不行。」

「很多問題還是必須由政府來解決，比較快的方法是找合作機構，建立遊民服務中心，讓大家有個換洗或休息的地方，比較安全，也比較人道。最重要的是，協助大家找到穩定工作，這樣他們就能夠建立自己想要的生活。不過，這些事情好像講了很久，政府就是沒辦法做到，靠別人，不如靠我們自己啦！」我實在忍不住開始抱怨。

「靠我們自己？媽媽，我們可以怎樣？」妹妹抬頭看我。

「我們繼續買《大誌》，讓努力賣雜誌的人可以生活下去。還有，我們可以參加街友伯伯導覽的散步小旅行，你想不想去？他們每天在街頭生活，知道很多街道的祕密，而且還有別人不知道的故事喔！現在有個協會讓街友們變成城市導覽員，聽說很精采ㄟ。」

有天從網路上得知了芒草心協會的創舉，聽說街友們的導覽獨具風格，場場名額都秒殺爆滿。

活著的韌性與勇氣

「媽媽，其他國家也有街友嗎？」

妹妹有過兩、三次出國經驗，也許腦海裡沒有印象，才會有這問題。

「有啊！我不確定名稱是否一樣，但外國當然都有街友，只是每個政府的做法不太一樣，我們去觀光旅遊時，不一定有機會看到他們。」

「那古時候也有這樣的人嗎？還是現在才有？」妹妹再問。

「嗯，古時候應該有喔，像是以前的詩詞裡面都有描述，國外的小說、戲劇也都有類似的族群。只要有人類，這會是一直存在的問題。」

「為什麼會這樣？這樣很不公平，他們又不是不努力。」

妹妹又開啟了一個大哉問。我想，今天暫時告一段落，等她再大點，也許可以來討論社會制度跟經濟結構。

「人生不公平的事情很多，每個人的頭腦、長相不一樣就不公平啦！出生在哪裡也更不公平啦！還記得加薩走廊的孩子們嗎？還記得非洲的孩子們嗎？就像戰爭、環境，還有很多事情，都不是我們自己可以決定的。我們唯一能做的是盡量照顧需要幫忙的人，唯一能做的是讓社會往公平的方向發展。」

其實最後一句話，我也不確定妹妹是否聽得懂，回答這些問題真讓我耗盡心力。妹妹點點頭，我猜她也用盡小腦袋瓜，去理解這個原本她覺得無盡美好的世界。

「妹妹，你還記得故事裡有個阿伯，他當了二十幾年的街友嗎？」

「嗯。」

「媽媽覺得他是全世界最厲害的人，光是一無所有地活著，就需要很多勇氣。要記得生命很珍貴，以後千萬不要輕易放棄自己，這是街友用他們的人生教我們的事，我們真的應該好好謝謝他們。」

★思考的延伸……

● 為什麼古今中外都有類似街友的族群存在？即便是社會福利制度較好的國家，仍然無法避免產生這樣的弱勢團體？都是個人的問題嗎？

● 為什麼街友們不喜歡到收容所？我們現有的制度真的能協助他們嗎？

● 生命的存在，一定要對社會「有所貢獻」嗎？「貢獻」的定義是什麼呢？

Part 4

在電視裡看到的事

自我保護不等於自私

媽媽，「大家」在哪裡？

小孩：「逃跑要跑去哪裡？就大家一起跟他打呀！」

北捷事件發生當天，我們母女倆恰好在台東旅行。隔天早上去買早餐時，沿路的菜販、早餐店老闆娘都小聲地討論這件事，桌上攤著報紙，我沒有阻止妹妹看經過馬賽克處理的頭條報導兩張大照片。

「媽媽，他為什麼要這樣啊？」

前一晚，她有聽到民宿裡大家的討論，大概知道事情經過。

「嗯……他心裡生病了，可能感到很生氣也很難過，但不知道該怎麼辦。」

面對一個五歲半的小孩，我絞盡腦汁地想該怎麼說明，她比較能理解。

「那他怎麼知道要怎樣殺人？誰教他的？」

「報紙上是寫說他模仿電動玩具裡的殺人遊戲，還有看小說想像的。妹妹，我們要學會怎麼發脾氣、懂得怎麼讓自己安靜下來，知道嗎？」

我開始有點著急，這樣沒有經過深思的回答，自己都很擔心會不會讓孩子有任何誤解。

「那他的爸爸媽媽咧？他們不用負責嗎？」

她一下跳到這句來，我很驚訝。雖然她用到「負責」兩個字，但直覺上，她的負責和我們的負責意思不同。

「媽媽覺得他們也要負責，但法律不會要他們負責。那你覺得他的父母要負什麼責？」

「他們知道他生氣、難過的時候想殺人嗎？知道要告訴他不可以嗎？」

這點需要很多解釋，我不打算現在討論下去，所以把話題轉了向。

讓正義的火苗變大

「如果你也遇到這種事情，第一件事要看看身邊有沒有可以保護自己的東西拿起來擋，然後找機會逃跑，因為那時你自己絕對打不過他——」

我想起網路上看的一些資訊，想多給女兒一點防身資訊，不料馬上被打斷。

「媽媽，逃跑要跑去哪裡？就大家一起跟他打呀！他只有一個人耶。要是我的話，我要踢他肚子、戳他眼睛……」

我知道她剛剛完全沒有把我的話聽進去。

可是她說到了一個重點——大家！

然而，現在的社會裡不一定會有「大家」，但我不願意澆熄她正義感的火苗，當下我突然認為，做父母的應該要讓這樣的火苗變大才對。

「你說得對，妹妹。不過，很多人害怕的時候很難想這麼多，就會直接跑走，所以如果你想要跟大家一起反擊，要先大聲地告訴他們該怎麼做，他們就會想起來，這樣你懂媽媽的意思嗎？」

「我知道，所以我們要練習。」她好像得到了滿意的答案一樣，微笑地下了結論。

正視社會的求救訊號

這陣子以來看了很多評論和心情，不外乎談論死刑存廢、防身保護資訊、危機處理流程檢討、父母家庭功能角色的議題。但除了稱讚六十二歲阿伯和雨傘哥奮力阻擋的幾則短篇之外，再也看不到相關的討論，甚至連這兩位的名字，記者都懶得找出來。

這才是社會的求救訊號！

為什麼是六十二歲的阿伯願意做反擊？

妹妹口中說的「大家」在哪裡呢？

如果每個家長給孩子的都只有保護自己的想法，那麼我們口中讚美的「秩序」，會不會是另一種「冷漠」？我們守護的社會，會不會是自私的總和，所以只要一根稻草，就足以撼動整體？

陪著孩子練習、練習再練習

寫到這裡，身為人母的我當然也有矛盾心情：但是社會這麼複雜，各種無法預想的情境這麼多，很難跟孩子說完所有的狀況，一味地引導、鼓勵孩子勇敢付出，會不會反而是第一個犧牲者？

我的答案是：想讓孩子不當出頭的犧牲者，就是陪著練習、練習再練習。這樣做的好處不僅僅是唱道德高調而已，更重要的是孩子能有自己的判斷，掌握自己的生命。

情境很多、很複雜，所以給孩子的資訊不是零碎的ＳＯＰ標準程序，而是要培養判斷的能力和應變原則。否則孩子腦中只能記起零星資訊，那樣的片段資訊更加致命。

日常生活裡的各種小問題，不要急著幫孩子解決，他們慢慢就會從小事開始學習判斷：自己是否有足夠能力應付？是否需要求援？尋求哪一類的援助？該怎麼試不會傷到自己？

而在事件結束後，可以再反覆討論剛才孩子的嘗試：Ａ方法哪裡不好？Ｂ方案要注意什麼狀況？……自然而然地，當孩子遇到事件就不會慌亂，而懂得先做判斷。

付出，是要創造更多的正向循環

其實，我最擔心的都不是這些，而是會不會只有少數的人像我這樣認同孩子的勇氣？還是會告訴孩子：「跑都來不及了，還打什麼打？警察會抓他，你不要多管閒事！」然後買一堆防身棍、噴霧等用品隨身攜帶，好像每個陌生人多看你一眼都是壞人，愛打電玩的都可能不太對勁！

這種自私的想法，才是社會安全最大的破洞。

再多的警力也防止不了什麼，警察也是人，難道一個警察穿了制服會有超人能力嗎？為什麼僅僅只是因為他有一把槍或電擊棒，就令人感到很安全呢？

社會是由每個人組成的。我看到人與人之間互相支撐的力量斷裂了，由人心編織的安全網不見了，所以個案發生時，個別的我們都承受不住。

我擔心有更多父母退縮、恐懼，而產生過度保護。別忘了，我們都是群體動物，孩子不可能關在家裡一輩子，父母也不能陪著孩子一輩子。一旦孩子離開家庭溫室時，發現和社會現實有如此大的落差而沒有能力處理，又會發生什麼事呢？

唯有我們每個家長、每個家庭，能夠認同、肯定孩子對他人的熱情關懷，鼓勵孩子的勇敢付出，才能讓社會更好；只有社會更好，我們的每一個孩子才能出外有「貴人相助」，才能遇到好事連連。

付出，不是減少的概念，而是創造更多的正向循環。

讓我們從以身作則開始，多關心別人一點、多雞婆一點，多幫助別人一點，接受過幫助的人，才會更想助人。

想要保護孩子一輩子，唯一的方法就是讓每個人都是別人的「貴人」，讓社會發揮隱性的安全網。這真的不是理想而已。試想，若這件事發生在以前的台灣社會，大家的反應是什麼？

其實，是我們自己毀了曾經存在過的烏托邦。讓我們一起重建，好嗎？

這事情不必靠政府，不用花納稅錢，你我一起就能做到。

★思考的延伸……

● 我們會因為一件個案而心生恐懼、喪失信心甚至改變行為，那麼一個人的影響到底是大還是小？

● 生活中除了挺身而出的見義勇為，還有哪些也是發揮道德勇氣的行為？

● 校園裡常見的霸凌，是否也是「大家不見了」的案例？

● 我們有可能獨善其身、不受他人影響地生活於社會裡嗎？

尊重生命的多元價值

為什麼我不能養貓？

小孩：「他們要把阿河運去哪裡？」

——阿河，謝謝你。讓我們從你身上學到好多事情，祝你在另一個世界裡不再感到寂寞痛苦，而是盡情地戲水奔跑。

河馬「阿河」死了！

阿河原是台中天馬牧場裡豢養的一隻河馬，在移送他處的過程中，摔出車外受到重傷，斷牙腿折的流淚模樣驚動了社會，再次喚起動物保護的檢討與討論。

不過，即便看了醫生、放至魚塭休養，阿河仍不敵天冷、傷重，離開了這個曾令牠痛苦萬分的世界。

別再用動物娛樂人類了

上網搜尋了一番，帶著妹妹回顧以往發生過的動物新聞事件，像是海生館野放白鯨的失敗案例；動保團體更針對各類動物表演活動，像是海豚表演、海獅玩球、猴子騎車……等舉出實證呼籲：別再用動物娛樂人類了。

妹妹對動物議題總是特別敏感和感興趣，我們開始想，除了海洋世界遊樂園之外，還有沒有類似的場合或行為？

「媽媽，那故事書裡說的馬戲團算嗎？」妹妹打破沉默。

「嗯，照這樣的邏輯應該也算耶！」這我還滿有把握的。

我忽然想到，那我們常去的親子餐廳或是農場，可以近距離地接觸、餵食動物，難道也是？

「媽，他們要把阿河運去哪裡啊？」妹妹打破了我的沉思。

「好像是要把牠借去其他農場不知道要幹嘛。動物真的很可憐，被運來運去的都是裝在貨櫃裡。動物被當作國家間的禮物送來送去的時候，真不知道是怎麼坐船、坐飛機的。」

「動物還可以當作禮物？」妹妹第一次聽到。

「對啊！講得好聽點就是外交大使，動物園裡的貓熊和無尾熊都是啊！台灣根本不會有這些動物，牠們都是飄洋過海來給人家看的啦！」

嘴裡回答著妹妹，心裡卻想起她一直希望在家養隻貓的事情。

養牠，應該是為了讓牠有個「家」

大概四歲多開始，妹妹就多次表達想養貓，我們的討論一直沒有共識。雖然她沒有吵鬧，但我知道她仍然抱著希望，而我雖然沒有鬆口，心情也在兩難中不斷掙扎。

家對面就有專辦領養流浪貓咪的「貓館」，我三不五時會帶妹妹去那裡和貓咪玩。

能夠與動物作伴，對孩子來說，正面的意義與幫助是難以言喻的，更何況對於一個高敏感的孩子來說，那種和另一個生命間長久、穩定的聯繫，恰恰可撫慰適應外界時，因過於細膩而帶來的心情壓力。

妹妹的責任感，我是信得過的。

問題不在此。

身旁朋友們，貓狗成群的不是少數，他們都必須花非常多心力在動物身上，適應著每隻動物的個性和天性，盡力地去配合，以維護身為動物該有的尊嚴和權益。動物們身心靈受到尊重與照顧，就會毛髮益發光亮、眼神炯炯活潑，其實就跟孩子展現出來的一模一樣。

儘管養貓、養狗的人很多，但是了解動物的需求並不容易，雖然心甘情願，卻也把飼養者弄得筋疲力盡。那麼，一隻河馬、一頭大象、一匹馬或一隻猴子呢？除了牠們吃什麼、怎麼養活，其他的我們似乎真的了解不多。

當我們意識到動物的「去娛樂化」時，那些訓練動物表演的行為，或者是打著「體驗教育」名號的餵食、擠牛奶，都應該自制地停止。尤其對於大型海洋生物而言，人類能提供的空間與實際海洋完全不成比例，光是豢養本身，恐怕就是一種禁錮與虐待。

能夠領養隻小貓咪，也算拯救一個生命。我們去貓館時，要是空蕩蕩的，妹妹就會開心地說：

「啊，上次那隻××不見了，代表牠找到新家了耶！真好。」

然而，養隻貓咪來陪，算不算另一種娛樂？

貓館的主人說，很多人領養貓咪回去後又送了回來，他們說，希望貓咪陪的時候，貓咪不來；偏偏自己想做點事的時候，貓咪就一直撒嬌吵鬧，所以「個性不合」，再度棄養。

生命教育的本質不是擁有，而是付出，心靈上的需求還是得反求諸己。我希望未來就算家中有隻貓，出發點也是妹妹為了讓流浪貓咪有個家而領養牠，這才是我們該定的目標。

從另一種角度，領略動物的美好世界

某個週六晚間，我們倆到書店裡亂晃，我看見一本有好多小貓照片的心靈勵志小書，連忙輕聲喚妹妹過來，於是我們兩人就找個角落，一起欣賞起來。

看了一會兒，妹妹眼睛看著書，故意頭也不抬地問我：

「媽媽，你不想在家裡養貓，是因為貓咪會抓壞沙發、會掉毛是嗎？」

「嗯，那些都是原因之一。不過最重要的是，我們家真的太小了，連放自己的東西，空間都快不夠，再加上貓咪，牠連跳來跳去的空間都沒有。你想一想，光是貓咪的廁所砂屋就不知要放哪裡了。」

我。

「對啦，貓咪喜歡跳高跳低的，我們家現在沒有櫃子可以跳。」妹妹貼心地附和著

「我也很喜歡貓咪，所以才會常常帶你去流浪動物協會看貓。我們在還沒想出辦法以前，不要輕易地養貓好不好？那是一個很重要的決定，要負很多的責任，不能因為我們喜歡摸牠、喜歡牠陪伴，就說要養隻貓。」我輕聲回答。

妹妹沒有再說什麼，而是學了書裡的貓咪表情，問我：「誰比較可愛啊？」

為了滿足妹妹對動物的情感需求，我一直苦思著有什麼權衡之計。

那天，無意間發現了一本來自日本的翻譯書《野貓的研究》，裡頭記錄著跟隨一隻流浪貓的觀察手記。

或許，這是個不錯的辦法。追尋牠們的身影，從這樣的角度領略牠們的美好世界，思考與人類所能給予的有什麼不同。

★思考的延伸……

● 若家中已養動物，該怎麼做才能更尊重動物本性，人類也可以給動物什麼撫慰？如何和孩子一同感受生命交流的美好？

● 該如何盡一己之力，建議現有的動物園、遊樂園、農場或親子餐廳，改善動物處境？遊客購買飼料餵食動物的行為好嗎？我們的娛樂行為是否建立在動物身上呢？（如：擠牛奶的體驗活動，對乳牛來說是否恰當？）

● 該如何表達對動物的熱切情感呢？什麼才是愛的表現？是否也能應用在人彼此之間呢？

思考動物園的存廢爭議

動物園是誰的快樂天堂？

小孩：「媽媽，我不想看了……」

妹妹對動物園有著一股超乎常人的熱愛。六歲多的她，至今已經造訪台北市立動物園十來次。從懵懂無知到現在自己逐字讀著告示牌，隨著自身的成長，她每次去動物園的感受也愈來愈不同。

一直給人溫馨感覺的動物園，在妹妹五歲多時有了轉變。

還記得那一次，我們改變平常習慣的參觀路線，特別先造訪「台灣動物區」。

台灣動物區裡的遊客相對少，我們每一格停留時間也拉得比較長。就在那一次，妹妹看到台灣黑熊時立刻拉住我的衣角，低聲地問：

「媽媽，這隻小黑熊怪怪的耶。」

我定睛一看，原來是動物園特別介紹拍過《少年Pi的奇幻漂流》電影的那隻小黑熊，不斷來回地走來走去，看起來不像散步，反倒感覺非常焦慮似地踱步，低著頭，眼神沒有跟任何遊客接觸。

這隻「小」黑熊其實一點也不小了，身旁那些特別為牠設置的溜滑梯、小圈圈，現在看起來格外迷你，顯然空間狹隘，讓這隻長大的小黑熊備感壓迫，在現場看了格外令人心疼。我們猜想也許是生長速度太快，園方不及準備新的空間給牠。

我低聲和妹妹解釋我的猜想，她整個心情顯然受到影響。於是我們離開小黑熊特區，沒想到，在隔壁比較寬闊的台灣黑熊區，有更令人震撼的畫面等著我們。

兩隻台灣黑熊已是成熊。一隻縮在角落搖頭晃腦，頭頂上的毛髮好像被自己抓亂了一樣毛躁，看起來非常狼狽。另外一隻則跟隔壁的小黑熊一樣，不斷地在短短不到兩、三公尺內來回踱步。

兩隻黑熊的眼神渙散，無精打采，完全不見大型動物的風采和神韻。

看到這樣，妹妹眼中含著淚水，說：

動物區。

「媽媽，我不想看了，我們走吧。」

一時之間，我的心情難以平復，爸爸也放下相機，我們一家三口默默地離開了台灣

怎麼能把別人的家拆掉呢？

就在這件事發生沒多久之後，傳出當時的台中市胡市長準備在大雪山蓋纜車，而大雪山正是目前台灣黑熊少數的重要棲息地之一。這個事件引起環保團體和動物保護人士的關注，準備發起遊行抗議。（作者註：至二〇一五年六月，台中市政府已決定不蓋纜車。）

我念了這則新聞給妹妹聽。聽完後，她露出不可思議的表情說：「我們要去山上玩不能自己爬嗎？媽媽，你不是說爬山對身體很好嗎？台灣黑熊的家讓我們去已經很好了，怎麼還能把人家的家拆掉啊！」

我想，討論的時機已經成熟，便開口問妹妹：「你覺得黑熊應該住在哪裡？山上還是動物園呢？」

妹妹馬上回答：「當然是山上啊！動物園裡的黑熊像快發瘋一樣，地方根本不夠大啊！」

「那如果我們可以給黑熊更大更大的地方住，住動物園會不會比較好呢？」

「不會啊，媽媽，每個人在自己的家最舒服，再怎麼像，都不是真的家啊！」

是啊，孩子總是把事情的重點用最簡單的方式表達出來。

動物園到底為什麼而存在？

「妹妹，你說得對，所以你知道嗎？其實有一群人是反對動物園存在的喔！今天我們看到黑熊的情況，能夠稍微體會那種感覺，那麼，其他動物呢？鳥園的鳥會不會也這麼想？穿山甲呢？斑馬呢？長頸鹿呢？動物園到底是為什麼存在的呢？」

妹妹聽到這裡，突然安靜下來，一時難以接受有人認為動物園根本不應該存在。

「一開始，其實是古時候貴族們蒐集世界各地不同的動物，覺得很新奇，當然也有點炫耀的意思，就把牠們放在一個空間裡觀賞；後來，因為需要很多錢買食物餵養，所以才開放賣票給一般人參觀，這就是動物園最初的概念。然後，隨著戰爭啊、殖民啊，很多地方也開始建造動物園，才慢慢開始普及的。其實海洋世界、水族館也是同樣的概念，只是主要的收藏對象不同而已。」

我繼續說下去：「還記得我們讀過《驢子變斑馬》的故事嗎？其實只要一發生戰爭或災難，人類逃命求生存都來不及了，根本沒有辦法照顧動物，很多動物就這樣被關在籠子裡，逃也逃不了，活活餓死。所以，有愈來愈多的保護動物團體認為，動物園應該要廢掉，那是人類把自己的快樂加諸在動物身上的殘忍行為。」

「媽媽，可是這樣我真的就看不到很多動物了，我好喜歡牠們。如果我們想辦法對牠們更好，這樣可以嗎？」

妹妹哭喪著臉，我有點於心不忍。

如果，今天換成把你關起來……

「我們換個方式想一想好了。你知道嗎？以前曾經有過關『人』的動物園，把人當成一種動物，也賣票給人參觀，聽說還可以觸摸喔！」

我想起之前看過的一則歷史奇聞。

「真的嗎？那是哪些人被關啊？」妹妹被我成功地轉移注意力。

「是黑人被關。那時候世界很多地方都還沒有互相流通，不像現在可以到處旅行。比較強的國家有船隻可以發現新的陸地，然後就開始統治別人。他們一開始看到黑人的時候覺得很驚奇，所以就把黑人當作展覽品，有小孩，也有男生、女生，真的就像動物園一樣。」

殖民的概念不好解釋，不過在這裡不是重點。

「好過分喔！現在還有嗎？」妹妹追問。

「沒有了，這件事情只有存在一下子而已。那媽媽問你，如果今天把你關起來，但是地方很大、很舒服，也給你吃的、喝的和玩的，不過，人家隨時隨地都可以看你在幹嘛，這樣你可以接受嗎？」

妹妹知道我在比喻什麼，輕輕搖了搖頭。

這是我們第一次談論動物園。不只妹妹一時難以接受，我也不由自主地想起童年記憶裡的林旺爺爺。

愛心拯救麝香貓

後來，我和妹妹去台東旅行，落腳的民宿男主人熱愛自然和動物，對於拯救受傷動物不遺餘力，在當地可說是有名的生態通。

有天晚上，他剛從綠島潛水教學完返家，沒多久接了通電話。接著，只見他一骨碌忙了起來，翻箱倒櫃找出了一個廢棄的中型水族箱，一邊整理，一邊撥電話，到處問市區哪裡有賣特定品牌的動物奶粉；問了好幾家，終於找到類似配方的替代品。眼看時間愈來愈晚，深怕店鋪打烊的他趕緊發動車子，衝去市區搶奶粉。

我們大家壓抑著好奇心，眼巴巴地等著老闆回來。等車子一熄火，一夥人衝去門口——原來是為了迎接這隻剛出生沒多久的麝香貓啊！

聽老闆轉述，這隻麝香貓是原住民在山上的大樹下撿到的，猜想應該是母貓匆忙逃跑時，無法叼完所有小貓，或是這隻小貓自己掉下來也有可能。總之，原住民不忍讓小貓單獨留在山上，卻也沒資源照顧這隻貴客，一時想不出辦法，只好先拜託人脈比較廣的老闆幫忙收留。

老闆雖然對動物的經驗豐富，卻沒照顧過剛出生的保育類動物。然而放眼東部，沒有動物園或收容中心，稀有動物保育中心則在埔里，他不忍見死不救，只好硬著頭皮試試看。於是，老闆買了特殊配方的奶粉外加一支塑膠注射器，想盡辦法餵虛弱的小貓喝奶，要不然牠體力不支就糟糕了。

我和妹妹什麼忙也幫不了，只見老闆非常有耐心地一點一滴餵食；這動作看似簡單，但是換了人做，小貓卻怎麼也不張開嘴。好不容易餵進點東西，老闆讓小貓暫時窩在鋪了軟墊的水族箱裡休息。

那時天氣熱，只有房客的房間裡有冷氣，我們母女倆就幸運地和這隻麝香貓相伴，香甜地睡了一晚。

隔天一早起來，小貓果然恢復了精神，再餵牠喝完一頓後，牠開始跌跌撞撞地想爬出水族箱。同時間，老闆還試著聯絡朋友們，看看可以怎麼接力把牠送出台東。

我們看著這隻小貓，不曉得牠未來的命運如何，但至少第一關很幸運，碰到願意管閒事又有愛心的這家人。

妹妹從台東回到台北之後，逢人便說起這隻麝香貓，最後一定加上一句：「不知道牠現在怎麼樣了。」

不是全面廢止，而是必須轉型

面對幾乎一面倒地撻伐動物園的強大聲浪，這件事開始讓我有不同的觀點。

當人類繼續以先進科技更快速地破壞、掠奪自然資源和原始棲地時，物種只會在來不及進化之前，以更驚人的速度滅絕。當連你我覺得熟悉的大象都可能在十年內絕種了，我們還有把握，動物能找到適合的棲地嗎？

身為破壞一方的人類，除了掠奪的行為，是否也能伸出援手？

動物園也許不應該被「全面廢止」，而是「轉型」。或許這會是二十一世紀的諾亞方舟，可以是人類對自身罪過所做的一點補償。

如果還有動物園，我們有機會做得更好嗎？

我開始上網尋找案例，立刻看到了北海道旭山動物園的文章。連進日本旭山動物園的網站，還能看見妹妹最愛的北極熊的即時影像轉播。

這座動物園從原本瀕臨關園命運，到入園人數打敗東京上野動物園的故事，被拍成了日劇《奇蹟動物園》。他們以動物的視野感受，重新打造動物園的環境與設施，而尊重動物原始本性的設計，也讓園內的動物個個精神十足，元氣滿滿。

難得有影片可以細細觀賞，我邀請妹妹一起「拚日劇」，她邊看，邊頻頻點頭，彷彿找到一絲希望可以保留動物園。

看完日劇之後，妹妹把房間裡所有的動物娃娃全部請了出來，再拿了個大紙箱、積木和黏土，開始動手打造自己想像中的完美動物園！

我這才深刻體會到，動物園真的肩負了保育、教育的功能，那不是冠冕堂皇的說詞，而是我從孩子身上看到的真實反應。

動物園的存廢問題由來已久，但隨著我們意識到道德困境和現實環境對動物的壓迫，關於這個答案，我們應該要有與時俱進的完整討論。

◎參考影片

「動物」一向是卡通動畫與電影戲劇的熱門題材，我跟妹妹一起找了些共同有興趣的影片觀賞，從裡面發掘更多人和動物間矛盾的關係與情感。例如：《我們買了動物園》、《奇蹟動物園——旭山動物園的故事》、《和豬豬一起上課的日子》、《夏綠蒂的網》、《狐狸與我》。

★思考的延伸……

● 海洋公園裡的海豚、海獅表演，跟馬戲團表演一樣嗎？這樣的訓練和表演生活，對動物來說是好的或健康的嗎？誰有權決定其他人或生物的生命是什麼樣子，或認定怎麼樣對他（牠）們比較好呢？

● 我們保護動物的動機，如果只是「希望以後的子孫還能看見這些動物」，這樣的說法有什麼問題嗎？這是不是滿足人類的另一個願望而已呢？

民主的第一課

我們要選出什麼樣的「好人」？

小孩：「我們不認識他們，怎麼知道他們會不會說謊？」

二〇一四年十一月二十九日是「九合一大選」的日子。隨著選舉日倒數計時，路上的旗幟、宣傳車也漸漸多了起來，最後幾天更是密集式轟炸，一會兒市長的、一會兒市議員的，連里長也競爭激烈。

那段期間，有天晚上去夜市買麵，看到一對夫妻身著里長候選人背心，拿著掃把、垃圾袋，沿路邊拜票邊清理，身旁沒有其他人圍繞，只有播放事先預錄好的擴音內容。

某個星期天下午，妹妹陪著我一起到家附近的美容院剪頭髮，恰巧里長候選人親自來拜票，發放文宣，我友善地向候選人點頭致意，妹妹則是目不轉睛地看著候選人的一舉一動。

隔天，妹妹放學回家，遇到另一位里長參選人親自拿著傳單，一個一個地發送、握手。路過的我們當然也是目標之一，妹妹躲在我背後，聽著候選人簡單的拜票內容，看起來有些好奇。

果然，往前走沒幾步路，妹妹就把我手上的傳單搶了過去。

「媽媽，他是二號，那一號是誰啊？」

「一號就是現在的里長繼續參選。今年要選超多人的，還要選市長、市議員，每一種都有好幾個候選人。」

孩子其實偷偷在注意

某天在校門口，竟然有個身穿背心的市議員候選人，親自拿著一個個小貓熊塑膠玩具發給小朋友們，那是種捏一捏就會擠壓空氣發出聲音的塑膠玩具，孩子們當然好奇地圍了上去。妹妹走出校門時，也拿了一個。

候選人邊發邊說：「小朋友們，要乖乖聽爸爸媽媽的話喔！」

我在旁邊不禁想發笑，這句話顯然是說給旁邊接送的家長們聽的。站在校門口發顯然有點爭議，想必這次真的競爭激烈，選情白熱化了。

回家後，妹妹仔細研究了一番，底下寫著候選人的名字。

「媽媽，為什麼他沒有寫號碼啊？這樣大家哪知道要選幾號？」妹妹觀察入微，也把前幾天的事情聯想在一起。

「抽號碼是比較後來的事情，他可能先做了這些玩具，來不及印號碼吧！」

「可是，你不是說一次要選很多種嗎？這樣很容易記錯耶！」妹妹提出她的看法，其實這真的也是很多大人的困擾。

「對啊。妹妹，你知道為什麼要選舉嗎？」

既然如此，不如我們來聊聊記錯、選錯的後果好了。

「嗯，就像我們選模範生一樣，要選出很好的人？」妹妹用目前僅有的生活經驗猜想。

「對了一半，的確是要選出好的人，但這個好的人是要替大家做事，並不只是選出來拍拍手就好了。你覺得什麼是好的人？」我問妹妹。

「嗯，要選不會做壞事的人？然後……要聽他們說要幫我們做些什麼？」妹妹盡力地回答我的問題。

「不會做壞事就是好人嗎？選舉要選出來的『好』，跟我們一般說的好人應該不太一樣。選出來的『好』，還必須具備一些能力，才有辦法把事情做好，否則就算不做壞事也不能算好人喔！」

「媽媽，可是我們都不認識他們，要怎樣才知道誰比較好呢？」妹妹問。

「所以要注意每個人的政見，聽聽看他們說當選之後想做什麼事情。每個候選人想做的事情不太一樣，或者應該看看本人和他過去的經歷，一起綜合判斷。」

「嗯……也對。可是我們不認識他們，怎麼知道他們會不會說謊？」

妹妹開始覺得有些困難，回答速度明顯地慢了下來。

「你說對了，我們的確無法分辨。比較不會說話或表達的人，也許能力比會說話的人還好呢！我們只能盡量蒐集資料去判斷，但這樣，還是有可能會選錯人出來。」

這句話連我都講得沒有把握。

大人的選舉，與孩子的未來息息相關

選前倒數幾天，收到厚厚一疊選舉公報。

有一天，接妹妹放學回家時，她興奮地像發現新大陸一樣。

「媽媽，老師說星期六，我們的教室要變成投票所耶！所以要把東西收好。」

「嗯，回家後我們確認一下，今天收到投票通知單了。」

打開選舉公報，我們這鄰的投票所是設在妹妹的隔壁班。

對妹妹來說，也許這是她人生第一次覺得「選舉」這件事離她好近好近。事實上，又何嘗不是跟她的未來息息相關？

正當我思索著該不該更進一步地跟妹妹討論「選舉」這件事時，她拿起市議員的公報，開始點名了起來。

「媽媽，我有看過這個人、這個人和那個人喔。」

「啊，你什麼時候看過的？」

記憶中，我沒有接觸過市議員候選人啊！

「這個林某某的招牌在馬路那邊啊，這個葉某某的旗子在麵店前面喔。還有，王某某有宣傳車耶……」

我心中一驚，原來我早已習慣視而不見，但對孩子來說，生活裡處處都是線索。

民主，從來就不是簡單的事

「媽媽，上次你說選錯人的話，會怎麼樣嗎？」妹妹想起之前的對話，突然有點擔心。

「選錯的話，政府會做出錯誤的決定，這些跟大家有關的決定叫做『政策』。政策是國家設定的方向，每一個人都要遵守的；遵守了錯誤的規矩，就像走錯方向一樣，到不了我們想去的地方。也可能這些人會貪汙，偷偷拿走我們大家每年繳稅的錢，或者改變法律，影響大家的權利。」我盡可能地用淺顯的白話說明。

「可是，我們怎麼知道自己選對選錯？」

「其實沒有絕對的對或錯，因為選舉是看誰得最多票當選，那代表當時大多數的人都想要那個人提的意見，而且不管你有沒有選這個人，他當選之後的結果就是大家一起承受。」

「啊，那就要等下次選別人才能換喔！」妹妹聽懂囉。

「對啊！所以不是投完票就沒事啦，我們還要去注意，這個當選者是否有努力實現自己說的話，他有沒有說一套、做一套，這些都需要我們花時間關心和觀察。」

「啊，好累喔，真麻煩！」不只妹妹愈聽愈沒力，連我自己說著說著都沉重起來。

是啊，民主，從來就不是簡單的事。

還在腦筋裡打轉的問題有很多：

我們真的知道自己要什麼嗎？

大多數人的意見就是對的嗎？

當選舉結果與自己期待不同的時候，我們又該怎麼調整自己的心態，繼續做個維護民主價值的好公民呢？

二〇一六年的總統大選就要到了，這就是一堂最生動的民主實習課。跟孩子一起觀察、討論這場對台灣影響深遠的選舉，我們準備好了嗎？

◎真心話

政治真的跟我們沒有關係嗎？其實，政治並非我們想的如此侷限，舉凡停車位如何規畫、每年公立幼兒園名額多少、吃的食物安不安全、大樓消防設備合不合格、颱風天放不放假、為什麼會淹水、洗牙補助多少、勞保內容有什麼、外勞看護該怎麼申請……這些你我最關心的小事，偏偏都是政治。

先扭轉我們對政治的刻板印象，我們才能讓自己過得更好。

★思考的延伸……

● 每個人心中想的「好人」都一樣嗎？和孩子一起比對看看。有沒有某些人認定的好行為，但卻會傷害到其他的人呢？

● 好人的一生中，會不會也做過壞事？那這樣還算好人嗎？

● 我們選市長、立法委員、里長或總統的標準，有什麼不同？有哪些標準是一致的？哪些是不一樣的呢？

理解他人的生命故事

他花了兩百萬，只為掙一個發聲權？

小孩：「媽媽，還有好多其他人也選市長喔！」

二〇一四年的九合一選舉期間，收到了厚厚一疊選舉公報，我正打開研究時，妹妹也湊了過來，好奇地問東問西。

因此，晚上的床邊故事自然而然變成了「公報」研究時間。

首先，是里長部分。里長只有兩位候選人，我分別念出兩位候選人的政見，妹妹煞有其事地「逐條審閱」。

「嗯，這個我喜歡！」

「嗯，nonono，這個不太好！」

我忍不住停下來問：「你的判斷標準是什麼啊？為什麼社區廣設才藝班和媽媽教室不好，但是增加社區巡邏就是好的啊？」

六歲的妹妹毫不猶豫地回答我：「才藝班和媽媽教室本來就有了啊，學校裡也有開班，為什麼要做同樣的事？晚上走在街上會有點怕耶！看到社區巡邏的人就覺得很安全啊。」

聽完她的高見，我沒有多說什麼，繼續念完公報上的政見後，簡短地和坐在旁邊的爸爸交換一下意見。

這時，眼尖的妹妹發現市長候選人公報，興奮地抽出來說，這不是電視上的連勝文跟柯什麼的嗎？然後馬上接著說：「媽媽，還有好多其他人也選市長喔！」

就連孩子也發現了突兀之處。她指著二號的照片問我：「媽媽，他看起來好老耶！他幾歲啊？還可以選市長嗎？」

想起之前讀過他的故事，一時語塞的我突然覺得這張公報上，最該討論的也許是一號到四號的候選人們，他們會不會才是台灣民主真正的臉孔？

那天晚上，我們討論最多的不是柯連，甚至也不是我很欣賞的馮光遠，而是這位「二號」趙衍慶先生。

街友候選人的小小政見欄

趙先生的故事是由網路媒體「沃草」發掘的。他們想訪問參選市長的七位候選人，卻遲遲聯絡不上二號趙先生，只好依照選委會上的登記地址實際走訪一趟，這才知道原來趙先生平日以拾荒為業，嚴格說起來是住在公園裡的街友。老兵出身的他沒有家人，當然更不會有什麼競選總部或團隊。

參選市長需要繳納的兩百萬元保證金，若得票數不到基本門檻就會被沒收。一開始就不打算拿回這兩百萬的趙先生，只想透過公報讓大家聽到他的聲音。畢竟在自詡為國際都市的台北市裡，「街友」是個必須不斷尋覓躲藏的身分。

兩百萬「買到」的小小一格政見欄裡，寫滿他對社會底層族群的「照顧政見」，大多內容是為了給被遺忘的老兵們或弱勢人民一個遮風避雨之處，可以想見趙先生平日最深的感受是什麼，或者說，每天最操心的也就是這些吃喝拉撒睡的生活了。我們不也是嗎？

最後，趙先生還寫了不收政治獻金、不收物品捐贈，並留下他的手機和住址。

沒有人能選擇自己的人生故事

一個沒有家人的老兵，讓我想起小時候眷村裡其他的爺爺們，有人在工廠裡當警衛、有人在餐廳裡當廚師，不像我的親爺爺有成親的機會。因此到了過年時，爸爸會帶著我們去工廠裡探張爺爺的班，或者邀請魏爺爺到家裡坐坐，即使這樣，我仍然能感受到他們格格不入的孤單。

最後對魏爺爺的記憶停格在冰冷的停屍間裡，我還去八堵榮民之家探望過他的。一輩子過了之後，有誰記得呢？我猜想大概是這樣的心情，於是趙先生留下曾經在台灣生活過的存在證據，畢竟選舉公報就像歷史一樣，是會被好好保存的吧，也許只是不想被遺忘。

妹妹大概還無法體會兩百萬元的多寡，只曉得資源回收能賺的錢很少很少，而她知道街友的生活一向不好過，也就沉默了下來。

沒有人可以真的選擇自己的人生故事。我們都可以選擇努力，但不一定會有收穫；有人無法選擇當個權貴之後，也同樣有人無法選擇只能當個街友。這不是暗藏諷刺的意思，而是我們必須學會同理他人，而同理的第一件事就是傾聽感受而已。

我答應妹妹要寫一篇文章記下這件事。妹妹聽完後拿起筆來，默默地在二號那欄做了一個記號。不知道為什麼，這個舉動讓我差點流下眼淚。

選舉，真的是台灣的全民運動，濃濃地流動在生活裡，避也避不掉。我猛力吸一口氣問自己，這到底是自由的氣氛？還是敗壞的氣味？

我們這些大人們，一定要再加油一點！

★思考的延伸……

● 如果你是趙先生，你會想完成什麼事？為什麼那件事對你來說很重要？那為什麼現在沒辦法實現呢？

● 你有認真閱讀過選舉公報嗎？看著那些不被媒體注意的非主流候選人，心裡有什麼想法呢？他們無畏失敗，又在追求什麼呢？

從國家之間的「交朋友」看世界

為什麼中華隊不帶著我們的國旗？

小孩：「我們是中國的？媽媽，我們不是台灣嗎？」

爸爸打開電視，興沖沖地轉到轉播亞運棒球的頻道，一看之下不禁驚聲尖叫起來：「搞什麼啊？八比零？不過才開打沒多久耶！」

在旁邊組積木的妹妹聞聲，抬頭瞄了電視一眼，問：「爸爸，是哪一國跟日本打啊？」

「我們跟日本啊。」爸爸緊盯著電視回答。

「我們跟日本？可是那又不是我們的國旗。」

妹妹一臉疑惑地指著畫面裡的計分欄，那是日本和中華台北的梅花代表旗。

「喔，我們被規定不能用我們青天白日滿地紅的國旗。」爸爸嚴肅地正色回答妹妹。

「為什麼？」妹妹很感興趣地追問。

「因為中國不准我們用，認為我們台灣是中國的一部分，也這樣跟主辦單位講，所以大會不准我們用自己的國旗。」爸爸簡單地把重點說出來。

「啊？我們是中國的？媽媽，我們不是台灣嗎？」妹妹轉頭向我求證。

雖然早有心理準備有天得解釋這問題，但實在沒料到，竟是在如此輕鬆愉悅的家庭夜晚突然發生，真是殺我個措手不及。

「妹妹，這個問題很複雜，你想要現在聽媽媽說嗎？」五四三二一調適心情後，我恢復鎮定。

妹妹毫不遲疑地點點頭。

跟一個剛滿六歲的孩子解釋歷史，原本就不是容易的事，更何況是具有濃厚意識形態和爭議的認同問題。身為所謂「外省第三代」的我，仍感受得到長輩對故鄉的強烈情懷，情感與理智同時並存，經常在內心拉扯，那種感覺異常複雜，相較於其他事情，要建立自己的國族價值觀特別不容易。

別怕孩子聽不懂，儘管開口聊

我深呼吸一口氣，說：「中華民國建立之前是滿清時代，那個時候，台灣和大陸的確都是屬於滿清皇朝的領域。以前的歷史都不是用國家稱呼，而是一個朝代、一個朝代，你可以想成是故事裡的國王，只是我們稱作『皇帝』。這些你以後高年級應該會讀到。

「後來，就是鈔票上那位孫中山先生推翻了皇帝這種制度，建立民主國家，所以我們叫他國父，他建立了中華民國。只不過呢，那時候領域太大了，大家似乎對什麼是自由民主的看法不一樣，所以就常常自己打來打去。打到最後，剩兩大力量對抗，一方輸了就逃到台灣來，另一方就留在現在的中國大陸。逃到台灣來的延續中華民國，留在大陸的就叫中國。

「你知道嗎？媽媽的爺爺、奶奶，是一起從中國大陸跟著軍隊過來的喔！有很多老人家的故鄉和家人也都在中國，誰也不知道一分開就再也回不了家了。因為這樣，很多人就認為大陸和台灣是一起的，同一國的。尤其是中國，他們一直認為台灣是他們的一部分。」

我停了一下，看看妹妹。

她皺著眉頭，想必是在努力消化這段「類歷史」。突然，她開口了。

「媽媽，所以西門町馬路上那些拿著大旗走來走去的人，說台灣和中國一邊一國，就是在講這個嗎？」

我點點頭。

千萬不要低估孩子的理解和連結能力。

西門町捷運站前，固定有一群人拿著大旗，不斷地反覆在十字路口走來走去，並播放著自創歌曲。

國家和國家之間，也會互相交朋友

妹妹繼續發問：「那為什麼其他國家也都聽中國的，不讓我們用自己的國旗？」

問得真好，不過，我到底要怎麼解釋「國際現實」這回事呢？

「媽媽用一個比喻來說好了。就像人跟人之間交朋友一樣，國家和國家之間也會互相交朋友，只是國家必須代表人民，所以想的事情更多、更複雜。每個人交朋友的標準和目的都不一樣，就像你也會選擇和誰交朋友，跟每個人都有不同的關係。

「有些人跟比自己弱小的人交朋友，因為希望朋友都聽他的。有些人交朋友是為了尋求保護，或者交換一些自己沒有的東西，比如說：有些國家沒有石油，他就會去跟有石油的國家交朋友，可以跟他買或是跟他換。甚至有些國家之間會借錢、送禮物，讓自己的國家變得有錢，可以做更多事。」

「那中國是很厲害的那種朋友嗎？」妹妹大概可以揣摩那種微妙的關係。

「是吧，因為他們人口很多、土地很多，資源也很多，簡單來說就是有錢人囉！所以當中國希望朋友們都跟他一樣，說台灣是中國一部分的時候，很多國家就跟著這樣說囉！」

「嗯。可是，媽媽，我們沒有朋友嗎？我們是很差的國家嗎？」妹妹反過來問。

「嗯，我們有朋友啊！但是不夠多，也不夠強，世界上所有國家有組成一個大會叫聯合國，負責討論國際間的事情，所以當投票表決的時候，中國的朋友比我們多，就沒有辦法抵抗了。至於我們差不差，這要看哪一方面。我們的國家比較小、資源少，的確本來就比較吃虧。」

我拿捏一下妹妹可以理解的深度，因為光是「差不差」這回事，大概可以再聊個三天三夜吧！

「可是我們明明就有自己的國旗，這樣好奇怪喔！難道一直都要這樣嗎？」

妹妹最後像個老太婆似的喃喃自語，又好像在發問，只不過這一題，我卻沒有辦法回答。

孩子的無邪眼光，就是回答

這個問題好難，而且一觸碰就是一大群人的記憶與生命。每一次我一想到童年記憶中，眷村裡的那些單身爺爺們，我都沒有辦法勇敢地討論。

生命啊生命，時代啊時代，怎麼能用「國家」這個集體名詞就這麼蓋過了？如果失去對個體的尊重和珍惜，民主又有什麼了不起的意義呢？

每天爭吵不已的大人們，其實都不必多解釋什麼，只要開口問問孩子們：「我們是不是中國的一部分？」孩子們會用最直接無邪的眼光回答你。

這是時代才有辦法解決的問題，我們都別以為誰就能說了算。

生活，就是最真實的答案。

不論上一代的我們再怎麼努力，對於下一代出生在台灣的孩子們而言，有誰真心覺得應該是同一個國家呢？

歷史向來隨著時光改變流轉，渺小的我們，只是處在洪流中的滄海一粟。應該尊重每個世代的選擇。

★思考的延伸……

● 別人承不承認台灣，會改變什麼事實？

● 外交事務為何重要？對我們的影響是什麼？我們能擺脫這些影響嗎？

● 想想其他例子，如：西藏、加泰隆尼亞、愛爾蘭等，不同民族看待事情的角度與處理方式，有何不同？

● 孩子的立場、觀點若與自己不同，該如何尊重？該如何對話？

提升道德勇氣和選擇的智慧

二二八為什麼要放假？

小孩：「二二八是什麼事情？為什麼可以放假呢？」

剛放完寒假三天，緊接著又是二二八連假。妹妹開心之餘，突然問我：「媽媽，二二八是什麼事情？為什麼可以放假呢？跟二二八公園有關係嗎？」

這題的歷史分量很重，而甚至我們自己都還沒弄清楚。

二二八事件的起點「天馬茶房」，就在我們家附近。三不五時地可以看到導遊帶著日本客、香港人，圍著一塊石碑解說，然後去繞繞大稻埕、迪化街。我猜二二八在整趟旅程的角色，大概也就這麼點時光了。

我不確定六歲多的孩子能懂多少，然而，當年發生二二八白色恐怖事件的時候，有誰在乎過那麼多家庭的幼小孩子怎麼想呢？他們帶著深刻的痕跡長大，而我不能連提及的勇氣都沒有。

愈嚴肅的事情，需要愈早開始接觸。我打算讓很多素材代替我向妹妹發言。

二二八國家紀念館：以人發聲

時機搭配得剛好。過年期間，我和妹妹一起看《偷書賊》這部電影。電影中，一個家庭幫助逃離納粹屠殺的猶太人躲在家中地下室，這位喜愛閱讀的青年，和家中的小妹妹一起，用文學共度不見天日的逃亡時光。

當時，妹妹對於藏在地下室裡的生活感到非常好奇，於是我帶妹妹到南海路的「二二八國家紀念館」，裡面也有個磚造小隔間，重現當時台灣人為了逃過一命，委身於不見天日無法翻身的方寸之地，一活就是十七年的「施儒珍之牆」。

關於二二八，一切就從這個不可思議的藏身之處開始感受吧！

在南海路上的這座博物館設計得特別好，史料的呈現較為多元，也更多「人味」，將二二八事件對於台灣的影響點了出來。

台灣各界菁英的集體消殞，包括律師、醫生、畫家、記者、老師……等，對於台灣社會的整體發展無疑是一大打擊，蓬勃發展的思想文化停滯，更讓許多家庭瞬間情感斷裂，對每個存留下來的人而言，在生命裡都有不可言喻的巨大影響。

看著展覽裡的家書、照片與破舊穿孔的衣服，妹妹嚴肅地不發一語。其中，畫家陳澄波也被提及。

妹妹轉頭問我：「這是不是那個常常畫迪化街和台灣很多地方的伯伯？」

她記得之前在北美館的陳澄波特展。我點點頭。

「這個伯伯是嘉義人，也在二二八事件中喪生。小典藏出版的《戴帽子的女孩》繪本裡的畫，都是陳澄波畫的喔！他非常有才華，很可惜我們太早失去他，沒有機會留下更多作品。」

有一家人在我們身旁，坐在輪椅上的老爺爺不時擦著臉上的淚水，我猜他們應該是受難者家屬。妹妹看到老爺爺在哭有點驚訝，而我難掩心裡激動，默默地離開他們附近，只能在遠一點的地方整理心情。

二二八和平公園：讓史實說話

我們轉往二二八和平公園裡的紀念館，繼續第二站。天氣晴朗的公園裡有紀念活動，人潮非常多。平日冷清的紀念館，這天人潮洶湧，男女老少，甚至日本人、美國人也參雜其中。這裡的展覽就比較偏向史實的展現，而其中，也標出了天馬茶房與當時遊行路線的今昔對比照片。

館外紀念碑前，長長人龍手持白色小雛菊排隊，輪流在紀念碑前獻花致意。對我而言，傳遞史實相對容易，從網路上、書本中，都能蒐集到資訊讀給妹妹聽；然而，歷史事件發生後的影響、給我們的教訓和意義，才是我希望傳遞的重點。

在這些悲傷的片段裡，仍舊可以看到不顧一切援救他人的曙光，不顧生命也要發言的勇氣。甚至讓人不禁試著去體會那些失去了丈夫，但仍要堅強陪著孩子長大的母親們，她們是如何度過每一天的？

為了日後理解更複雜的事情做準備

妹妹突然開口了：「那時候政府把這些人抓起來，是不是不希望他們說話？」

「可以這麼說。因為這些人都是知識分子，那時候讀過書的人沒那麼多，政府認為控制這些知識分子，就比較能讓大部分的人聽話，不會有那麼多想法和意見。」我小心翼翼地回答。

「媽媽，是不是像《動物農莊》影片裡，後來有隻動物被綁起來，嘴巴被貼起來，因為害怕牠說的話可能剛好也是別人想的？」妹妹接著問。

我點點頭，內心感到非常激動。除了感受平日豐富孩子視野生活的努力，起了一點點啟蒙作用，另一方面更震懾於藝術的力量。透過文學、美術、電影、音樂這些藝術媒介，孩子不僅能感受抽象的價值觀，也能開始展開自我連結，逐漸內化成自己的理解和想法。

同理心、道德勇氣和選擇的智慧，這些不是用嘴巴教、看文字學的，而是不斷從生活裡與過去、未來碰撞，打開五感去感受，進而累積的內隱知識。

選擇某個時事話題，和孩子慢慢一起理解，蒐集不同素材、提供不同角度切面，不僅能打開與孩子之間的對話，也能為日後孩子理解更複雜的事情做準備。

緊接著，令我最意外的結論來了。

妹妹說：「我覺得這些人跟《湯姆歷險記》的湯姆一樣勇敢，因為湯姆雖然很害怕，但是最後還是鼓起勇氣跟法官說出殺人案真相。媽媽，你說對不對？」

湯姆啊湯姆，沒想到你竟然跨界演出，不只展現孩子的冒險精神，更將孩子純粹的道德勇氣表露無遺，角色這麼吃重，難怪是經典中的經典！

★思考的延伸……

微調課綱抗議事件

電視上播出教育部長與高中生的座談會，針對課綱調整爭議進行討論，報導中提及二二八的相關訊息，妹妹的耳朵豎了起來。

「媽媽，他們在講二二八耶，可是現在又不是二二八，發生什麼事？」

「這些大哥哥、大姊姊念的課本內容被修改，有些刪掉、有些增加，有些他們認為跟真正的事實不一樣，所以提出疑問，因為課本對所有學生的影響很大，考試都是考這些，大家都會相信課本說的事情。」

「那課本是誰編的？」小學一年級的妹妹對課本可是深信不疑。

「教育部會請各方面的專家、學者組成委員會，一起討論。只要是人，都會有觀點，有觀點就會有取捨，寫法也會差很多，這就會影響小孩對事情的看法和印象，所以其實是很嚴重的事。」我嘗試簡單說明。

「可是我分不出來耶！」妹妹有點著急。

「當然分不出來，就連那些大家覺得沒問題的內容，也不見得是真的啊！考試歸考試，但是自己要多看、多聽、多想，只有接觸更多訊息，才有機會發現不一樣的地方。」講完後，發現她眉頭皺更深了。

「好啦好啦，先別擔心這麼多，媽媽會幫你注意的。反正就發揮你見人說人話、見鬼說鬼話的功力，考卷答案寫課本的才會得分。就像你附和媽媽的事情，有些你心裡也不這麼認為，不是嗎？」

課綱的事情需要實際舉例比較容易了解，這個結尾雖有點敷衍，不過，可是有一石二鳥的測試效果。

「喔，這樣我大概懂了喔……」妹妹露出一抹詭異的微笑。

可惡，果然被我猜中！

給爸爸媽媽的一封信

三一八學運教了我們什麼？

寫給因為三一八學運，全台灣擔心又氣惱的爸爸媽媽們：

首先，我也是人家的媽媽了，所以不要教訓我不懂父母的心。

我聽到有些大學生想參加，但爸爸的一晚說教讓他們乖乖待在家裡了。連我自己打電話跟爸媽聊天，提到我帶著五歲女兒去現場也被罵了一頓，出門時，我們也很擔心爺爺奶奶心中不快……我不禁想，這幾晚有多少家庭革命也同時上映了呢？

擔心什麼呢？我試著想要體會你們，但我真的想不出來。這樣的場合是最安全的了：帳篷燈火通明，警察替孩子們站崗，媒體幫忙轉播畫面，教授幫孩子上課（沒考上台大也照聽台大教授的課），水和食物充足無虞，有律師有醫生、有音樂有朋友，你們擔心什麼呢？你們去過現場了嗎？若我要阻止我的孩子做什麼，那麼我一定要比他還懂不是嗎？

好吧，也許你們說警察攻堅很危險，誰知道他們會怎麼樣；或者你們會說人群很多，要是推擠了太可怕……我承認這些是無法避免的風險，但是，那就跟上學可能會發生交通事故、站在人行道也會被撞飛，或者在學校跟同學口角打了一架而已，不是嗎？

喔對了，人多勢眾，在這裡跟警察打架不會輸的，更何況，很多警察脫掉制服都是一樣反服貿的，真的發生什麼事，我們幫警察脫掉制服，馬上就多一咖同夥的。這種必勝的架，不打才是傻瓜。

但是我可以很嚴肅地告訴你們，我也曾想過最壞的狀況：若這個國家敢動用槍枝對付學生，那麼也不要害怕你的孩子陣亡，因為槍桿子下個就會對準你；做父母的一定會選擇替孩子報仇，那麼最後也能跟自己的孩子在另一個世界相聚。

如果你們選擇忍辱偷生也沒關係，我相信孩子也能理解，這個政權從小餵養你們的就是威脅和恐嚇，而說不出來為什麼的恐懼，就是這個政權最好的枷鎖。

再來談談政府譴責的暴力，這大概是你們唯一覺得理直氣壯可以拿來說服孩子們的理由了。事實上，從頭到尾的「暴力」行為，只有發生在衝進立法院裡的時候，然後剩下的都是和平靜坐。我告訴你們，那就像是你在路上碰到流氓拿槍指著你，然後你「必須」先用「暴力」奪槍保護自己，就只是這樣而已。你會跟你的孩子說「怎麼能使用暴力」嗎？抱歉，那不是暴力，那是「必要的肢體衝突」。

重點是這個世界變了，現在的橫取豪奪都是用文明手法包裝，你們公務員的獎金沒了不是嗎？一個條文過，就可以抵銷你上半輩子的「乖順」，你們每年辛苦攢的錢；再一個條文，就可以調高你繳的稅，而你居然不對這個流氓表示意見？

那我只能說，你們該高興祖上積德，沒讓你們的孩子跟你們一樣笨。

我們做父母的，應該要相信孩子會為了父母保重自己的身體、珍惜自己的生命，你的話他都不想聽了，也不會輕易地被人家騙。當他們成為我們生命的延續，為我們生存奮鬥的時候，這真的是證明自己教養成功的那一刻，該開香檳慶祝才對！

最後，雖然這句話真的不好聽，但容我默默地提醒你們，服貿裡面，連養護機構、身心障礙機構都對外開放了，做孩子的真的不想你們年輕時念反攻大陸的口號，老了還是得看人家臉色。

一起上街吧！怕孩子受傷就去保護他們吧！那裡也有好多阿公阿嬤在奮鬥，你們去一點也不突兀，更不孤獨，有什麼好怕的呢？最怕的，應該是失去跟孩子相知的心啊！

一位同樣感到掙扎與不捨的媽媽筆

★思考的延伸……

如果你從未走上街頭，那麼不妨選擇一個可以接受的主題，然後當作「體驗活動」一樣地加入行列——

你會知道走在大馬路中央的視野和感受，與平常完全不同。

你會發現媒體報導的內容，不及現場故事的十分之一。

你會了解參加遊行必須忍受日曬雨淋，需要體力、精力，甚至自掏腰包買水喝、找東西吃，這不是輕鬆好玩的遊戲。

你會重新思考很多事，不自覺地也產生很多想法能跟孩子分享，身為一個平凡的父母，願意這樣做就夠了。

Part 5

這些應該被鼓勵的事

讓孩子感受尊重和信任

兒童節，請讓孩子當主角

小孩：「我決定了！我的兒童節要這麼過……」

多年前，四月四日兒童節跟婦女節合併了。這個經常隨著放假日期而調整、合併的節日，大概就跟節慶主角——兒童一樣，存在著，但常被忽略。

還有誰記得呢？爸媽也許會被玩具店提醒：貼心的清單，難得的特價。

也許有些幼兒園和國小，會發一包裡頭有幾顆糖果、鉛筆和橡皮擦的禮物。

或者，各大遊樂園做做「入園優惠」的動畫字卡，在電視上播放，當天兒童免費。

縣市政府還有經費的話，可能跟公益團體合辦一場路跑或園遊會活動，或者來個讓隔天更「痛苦」的創意：上課變下課、下課變上課的翻轉活動，搏搏版面，上上新聞。

一個最值得重視的節日，兒童卻連這天也沒當上主角。聖誕老人好歹有聽許願才給禮物，那麼，關於兒童節，有人問過孩子嗎？或者，我們希望透過兒童節傳達什麼訊息？

事先提問，讓孩子思索

若孩子已從學校或別人口中知道「兒童節」，那麼就可以開始提前和孩子聊聊：他覺得現在的生活快樂嗎？哪些地方或事情很好？又有哪些地方讓他不愉快呢？

這些問題看似簡單，孩子卻不一定能馬上回答出來。

還記得我和妹妹開啟這個對話時，雖然她毫不猶豫地說出「我很快樂」，但是繼續追問什麼事情讓她感到快樂，她歪頭想了半天之後聳聳肩。

然而當我問，難道都沒有什麼事情讓她不開心嗎？原本沉默的她，忽然哇啦啦地開始「抱怨」起來：「媽媽，我走路的時候，都會被大人的包包打到頭，他們都沒有說對不起！還有去夜市的時候，抽菸的人把菸拿在手上揮來揮去，我都好怕弄到我的眼睛。

「還有那家我很喜歡的餐廳，後來不准十二歲以下的小孩去了，我希望他們可以讓我去，我不是壞小孩。

「對了，媽媽，有時我在哭的時候，你會開玩笑說某一句話，我不喜歡你對我說那句話。」

「啊？哪句話啊！」

「就是……」（以下省略一千字。）

約定好時間，擺上點心，和孩子來段「下午茶真心話」吧！就算孩子沒辦法馬上說出來，也可以給他時間再想想，多提供些方向。這樣的對話，不僅能讓孩子開始檢視自身生活和環境，練習思考與對話，我們還會意外發現孩子敏感的心，可是在意許多「魔鬼細節」呢！

設計屬於自己的兒童節

在春假裡的兒童節，往往都被大人們「順便」安排掉了，雖然旅程中一定也有顧及到孩子的行程，但是，那真的是孩子喜歡的嗎？還是我們想去的「親子景點」呢？

我打開電腦，旁邊放著在一些公共場所拿的ＤＭ、藝文活動訊息手冊……等，把這些材料準備好之後，請妹妹跟我坐在一起，看看她對哪些活動或地方有興趣，共同來安排當天的節目。

「媽媽，這個是什麼？我看不懂。」妹妹指著電腦螢幕上，某個展覽的標題問我。

「媽媽，這個看起來還不錯，是聽故事的嗎？」妹妹指著本子上的小圖片問我。

「妹妹，我喜歡這個活動，你要不要看一下？」我當然也有真心推薦名單啊！

「不要！」她看都不看一眼，大概是怕媽媽趁機遊說吧。

一旦孩子發現他們「真的」可以決定事情，那麼他們的堅持和毅力是大人望塵莫及的，我們也許會解讀成「固執」，但其實那是原始的喜惡表現。當我們慢慢有功利心、用實用角度考量後，反而是大人們對自己的喜惡愈來愈沒把握。

趁這個時候打鐵趁熱，多摸索一些孩子喜歡或不喜歡的原因，說不定可以打破平日對孩子的刻板印象。

「媽媽，我決定好了，那天天氣好的話，我們就去這裡；如果天氣不好，就留在家裡畫圖、看ＤＶＤ，這樣就好了。」妹妹最後做出選擇。

「啊？你確定？好吧。」

妹妹點點頭，但是我好想大玩特玩啊！

讓孩子感受到「自己也能作主」

「量身訂做」兒童節，這麼煞有其事不是為了寵壞小孩，而是讓他們感受到自己也能作主的尊重感和信任感，否則，誰不想快快長大符合法定年齡，脫離父母控制，然後享受晚了十幾年的自由？

然而，當真正自由了，又恐慌得不知道該如何是好，甚至做出錯誤決定。

對我而言更可貴的是，從討論過程裡也能蒐集很多訊息，窺見孩子不斷改變的想法和個性。試想，若把每一年的兒童節內容都記錄下來，不也是一種很特別的成長軌跡？

★思考的延伸……

● 從未真正快樂過的我們，該怎麼給孩子快樂？問問自己：體驗過滿足、快樂嗎？如果沒有，是否應該好好照顧自己一下？

● 但你的快樂是什麼？又是怎麼追求快樂的？是來自電視裡的劇情、姊妹間的生活分享，還是廣告裡的完美畫面？這些可以帶來真正的快樂嗎？孩子最懂快樂，我們應該向他們學習。

客觀地欣賞、讚美別人

他做得真的比我好！

小孩：「別人畫的我更喜歡啊！」

妹妹上了小一之後，我自願成了說故事的志工媽媽，每隔週五去班上一次，和孩子們一起「殺時間，聊是非」。

有一次，我在說完一個故事後，讓孩子們一起順著故事情節，玩集體創作的畫畫遊戲。全班分成六組，每人畫二十秒後就傳給下一個人，而且不能干涉別人要畫什麼，每組最後會完成一頂共同接力設計的帽子。

六頂帽子出爐後，我請每組派代表上台介紹帽子，只見大家滿口瞎掰，胡言亂語，逗得其他人哈哈大笑也很有趣。

最後，孩子們希望能票選出最喜歡的。原本我覺得票選活動沒什麼意義，但是拗不過孩子，就依了他們，把六張帽子圖畫貼起來，開始投票。

第一頂帽子，兩票。第二頂帽子，零票。第三頂帽子……也零票？

我狐疑地看著大家，問：「ㄟ，你們不喜歡自己設計的帽子喔？」

有個聲音回答我：「本來喜歡啊，可是別人畫的我更喜歡啊！」

我看了這位同學同一組的夥伴，他們也一副「對啊對啊，就是這樣」的表情。不知為何，我開心極了！

繼續投票下去——第四頂，三票。第五頂，兩票。第六頂，十票！

大家彷彿很滿意地拍拍手，好像這個活動這樣才算圓滿落幕。

孩子展現的心胸與氣度

這種票選活動在生活裡比比皆是，公司票選最佳員工、最佳專案……還有網路活動票選最佳小模特兒、最佳攝影照片、最佳圖畫……我們又是怎麼投下那一票呢？

但更深層的意義是：我們有這樣的雅量拋開自己（或所屬的團體），以客觀的眼光欣賞別人、讚美別人，甚至做到「君子有成人之美」嗎？

「喜歡」的感受效應原本就會投射、轉移，一點錯也沒有。用簡單的例子比喻，「最佳人氣獎」就是將喜歡的感受區隔出來，盡量降低對作品好壞鑑別力的影響。在這種投票活動上，機制或許還能提醒我們拿出心中那把尺。

但在其他時候呢？

我心中會這麼激動，或許與過去的經歷息息相關。沒有利害關係時，也許「成熟」的大人們會互相拉抬，悶著頭也要亂讚美一番或是誇大其詞地美言幾句。然而，面對相同領域的同伴們，即使對方表現得很好也當作沒看到，或是嫉妒之心不自覺地削弱了彼此打氣、學習的正面力量。

孩子們呢？盡力做完後，當起最客觀的鑑賞家，投入心力關注在喜歡的作品裡，誰畫的、喜不喜歡那個人根本不重要，眼中只有純粹的藝術與美，只盡力追求更好。

這才是社會進步的力量，真正的讚美才能發揮鼓舞作用，不是因為「她是我孩子，所以一定很好」，不是因為「他是我朋友，所以一定是最佳人選」！

我們要的不是盲目的相信，而是相信大家有能力追求更好。一個只愛聽好話而不能接受批評的社會氛圍，只會集體耽溺在自我感覺良好裡，那種濫情會逐漸退化創造力。

一個無法讚美、欣賞陌生人的社會，必定走向結黨營私的老路，有意無意地築起高高的城牆，把自己禁錮。

孩子向我們示範的是心胸、是氣度，那種純淨眼神讓我無法忘懷，這過程裡沒有人驕傲，沒有人覺得受傷。

共好，原來是這幅模樣。

嫉妒是什麼？

當天睡前，我忍不住和妹妹聊起早上發生的事。

「妹妹，你今天當小老師沒投到票。你會想投哪一張啊？」

「我也會投第六組耶！」妹妹和大多數同學看法一致。

「那你們自己畫的呢？大部分的人沒有投你們的作品，你會有什麼特別感覺嗎？」

我又開始當起小惡魔。我真的很好奇，也很想再一次體驗孩子的世界。

「沒有什麼感覺啊！她們畫得真的很可愛耶，而且她們說是魔法帽，戴了跌倒都不會痛，好好笑喔！」妹妹說著說著笑了起來。

「你們真的好棒，都不會嫉妒別人，媽媽真的好感動。」

「媽媽，你剛說什麼嫉妒，那是什麼？我聽不懂。」妹妹搖搖頭，疑惑地看著我。

我沒有再多作解釋。

嫉妒會侵蝕善意；而激勵他人時，自己也會受到鼓勵，得到更多力量。如果可以的話，我希望我的孩子這輩子都不會知道嫉妒的感覺。

★思考的延伸……

- 「欣賞別人」是每個人天生就有的能力嗎？如果是，為什麼有些人會失去這種能力呢？如果不是，又該如何後天培養？
- 孩子有辦法接受別人表現得比他好嗎？肯定別人的同時，會影響對自己的自信嗎？
- 身為父母，能不能自己先做到欣賞他人的表現？還是裝作沒看見以免競爭失利？孩子曾經聽父母讚美過誰嗎（讚美其他孩子不算在內）？

尊重每個人的性向自由

性別友善廁所之必要

小孩：「媽媽，什麼是性別友善廁所？」

某天，提早去接妹妹下課，赫然發現在她教室附近的廁所門口，多了一塊小牌子：「性別友善廁所」。這間小學的廁所仍然跟幼兒園一樣，是男、女生共同使用的空間，不知道其他學校是不是也如此。

我在想，妹妹哪天會發現多了這塊牌子呢？還是偷偷先模擬一下問答好了。

計畫不如變化，事情總是發生在意想不到的時候，沒想到開啟這個對話的地方，竟然是在士林的科學教育館。

「媽媽，什麼是性別友善廁所？我可以上嗎？」我們準備去洗手間，走在我前面的妹妹冷不防地回頭問我。

「喔……可以進去沒問題。我們上完出來再講好了。」

我需要一點時間整理一下腦袋。

表面功能：男女都可以用的「中性」廁所

「媽媽，你現在可以跟我說了嗎？」妹妹一出來，立刻追問。

「可以啊！你知道『友善』是什麼意思嗎？」討論前，先來名詞解釋對焦一下。

「我知道意思啊，可是不會講ㄟ。嗯……是很『歡迎』的那種感覺？」

「嗯，有點像，或者是說讓人家覺得很舒服、不會緊張的那種感覺。造個句子好了，比如說：小美對每個人都很友善。我家的鄰居都很友善。那隻小狗對我很友善。」

天啊！還真的有點難解釋。深呼吸一口氣，好了，準備進入正題。

「你先回想一下，大部分的廁所，是不是都分男生、女生兩間？如果突然有一個男生走進女生廁所，或是女生走進男生廁所，你覺得會發生什麼事？」

「我會覺得很緊張耶！人家會懷疑那個人是不是要偷看吧。」妹妹回答。

「對啊，不論是走錯的人還是在裡面的人，其實都會感覺不舒服。性別友善廁所的意思，就是男生、女生都可以使用的『中性』廁所喔，誰走進去都可以。」

「媽媽，上次爸爸跟我出去的時候，有跟我說為什麼只有女生廁所裡有親子廁所和尿布台，可是男生廁所裡面都沒有，所以我只好跟爸爸進去男生廁所。」妹妹馬上分享自身經驗，仔細回想，還真的是這樣。

「對啊，所以性別友善廁所也有這個功能，以後不管是媽媽帶著小男孩、爸爸帶著小女孩，都可以自在地一起上廁所。還有一些行動不方便、需要幫忙的老人，也需要這樣的廁所喔！」

「我知道，像阿祖九十幾歲了，需要人家幫忙才能上廁所，對不對？」生活經驗果然還是幫了我大忙。

深層意義：尊重每個人的感覺和權利

基本的解釋大概差不多這樣，接下來，重頭戲登場了。

「不過，性別友善廁所還有另一個功能喔！」

我偷瞧妹妹一眼，不知道她對這個話題還有沒有興趣。

「還有什麼功能？」妹妹追問下去。

「媽媽先跟你分享一個真實故事。台中有一個五十幾歲的男老師，他已經結婚很多年了，後來他的老婆生病去世了，他就去做變性手術，現在變成一位女士喔！」

「變性手術？那他現在有ㄋㄟㄋㄟ嗎？那他穿裙子嗎？那雞雞還在嗎？」雖然妹妹露出不可思議的表情，卻連珠炮似地丟出一堆問題。

「對啊，你看，你馬上就想到這些問題，已經成功改變性別的人選擇廁所也許沒那麼難，但是有些心理性別跟身體性別不一樣的人，那要上男生廁所還是女生廁所？是不是很麻煩？如果有這種性別友善廁所，他就可以放心上廁所，也不用擔心會造成別人的不舒服了。」

到目前為止的討論還在我能力範圍內，很好很好。

「媽媽，你還沒回答我的問題啦！變性手術是去做ㄋㄟㄋㄟ嗎？用什麼做啊？」

咦？怎麼有點樓蓋「歪」掉的感覺？

「用什麼做的我不知道，但變性手術是改變男、女生最主要的特徵，所以你想到的應該都可以做，就看自己選擇要怎麼樣。畢竟變性手術很困難，需要滿長時間才能恢復和適應喔。」

拜託，希望這種答案可以混過去。

「媽媽，你記不記得，昨天電視上有一個人就是從男生變成女生的，所以她應該會想去上女生廁所，因為她覺得自己是女生才去變的，對吧？」

妹妹的腦袋連到那位想當藝人的「法拉利姊」，平常看電視果然還是有用的，有畫面真是替我省了幾千個字。

「對對對，沒錯，就是這樣。不過，也許有些人還沒變性或是不想做手術，只是外表和內心的性別不一樣，雖然他們還是可以依照原來的外表選擇廁所，但是如果有性別友善廁所的話，就可以更尊重這些人的感覺和權利了。因為會有這樣的想法，也不是他們可以控制的。」

好不容易傳達了最重要的訊息，對話到這裡可以算達成初階任務了。

尊重自己和別人的身體，不是最基本的事嗎？

「媽媽，為什麼他們會這樣呢？」

妹妹問了一個所有人都想知道的問題。

「其實我們也不知道為什麼，所有的原因都是猜測的，因為一直到最近社會比較開放，才有比較多的討論。以前的人就算有這種想法，哪敢說啊！說出來大概會被認為是魔鬼附身、女巫下咒啊，在古時候，說不定會被殺死呢！」

我突然想起《模仿遊戲》這部電影，也許應該找天跟妹妹一起看看。

其實，萬物皆由上天創造。自然界的各個物種因應環境不斷演化，無奇不有，為何我們就不能視為這也是其中一種族群、一個現象，而急於用我們僅知的心智解釋，甚至懼怕呢？

「喔，對了，妹妹，你學校的廁所也是性別友善廁所喔！」我突然想到還沒跟妹妹提這件事。

「媽媽，我們本來就是男生、女生都上同一間，沒有什麼特別感覺耶！老師有特別告訴我們要愛護自己的身體，也要尊重別人的身體，不可以隨便讓人家接觸，也不要隨便讓人家看，這樣不就好了嗎？」

對啊，到底是我們把事情搞複雜了，還是真的就這麼簡單？怎麼長大之後，會對身體有這麼多的聯想和評價呢？

★思考的延伸……

●我們是否曾說過：女生要有女生的樣子，男生要有男生的氣概？這句話代表什麼意思呢？

●學校同學會不會說「你們女生都很愛哭……」、「你們男生都很頑皮……」這類的話？孩子的感覺也是這樣嗎？大人世界是否也如此呢？（如：女人都很敏感、男人都很幼稚。）

●若性別可以自己選擇，你還會維持現在的性別嗎？為什麼？

●是否曾經有想做的事情，但因為性別的關係或怕他人眼光而放棄嗎？未來若還有這樣的情況，可以有別的做法嗎？

責任感，從「有感生活」開始

一個人的力量很大

小孩：「媽媽，今天我在學校做了一件事……」

好天氣人人喜愛，尤其是暖洋洋的冬陽，總是容易讓人心情大好；但同時間，也拉起了缺水警報，台灣進入第二階段限水，再不下雨，恐怕全台民生用水就要開天窗。

晚餐時間，電視新聞拍下石門水庫見底的乾涸畫面，連原本沉入水庫底的土地公廟都露了出來，上次出現可是十年大旱。記者訪問附近居民，每個人都是憂心忡忡。

雖然桃竹苗早已進行分區限水，雪霸公園的雪見遊憩區也因缺水休園。不過，有翡翠水庫撐著的台北市始終是最「無感」的區域，好幾年的限水措施也都逃過一劫，除了電視上偶爾播報的幾則新聞，對生活似乎沒有太多影響。

當孩子打開求知的開關

網路上有則新聞圖片，吸引了我的目光：高雄茂林的紫蝶幽谷由於久旱缺水，蝴蝶為了取水，而聚集在出水口或者淺灘之地，沒想到卻被左右呼嘯而過的車子輾斃，地上滿是蝴蝶殘破不堪的屍體。

另外，在日月潭附近也開始捕獲只會在深層水域活動的大型魚類，這些現象不斷出現，彷彿一再提醒我們：情況愈來愈糟了！

於是，我跟妹妹討論取消一週一次，她最期待的「泡澡時間」。

妹妹聽到後，沒有太大反應。不過，泡澡事件像是個開關，引發了她一連串的問題，像是：

「我們的水也是石門水庫來的嗎？」

「水龍頭的水會漸漸沒有，還是突然有一天沒有？」

「除了下雨，還有別的辦法嗎？」

「媽媽，你以前有遇到沒水的情況嗎？怎麼洗澡？怎麼沖馬桶？」……

趁這個機會，我和妹妹翻開百科全書，說了一下簡單的水循環、人造雨；更多時間是分享網路上關於動物、植物面對缺水時的異象資訊。一向喜愛動物的她表情甚是嚴肅，泡澡時間當然二話不說便取消了。

一個人的力量，可以很大

隔天晚上，妹妹突然把我拉進房間，關起房門，小聲地告訴我：

「媽媽，今天我在學校做了一件事。」

「什麼事？」

看她這麼嚴肅而冷靜，我心裡閃過好幾個念頭，揪了一下。

「在學校，中午吃完飯後刷牙的時候，我看到某某某水龍頭開很大，就去跟她說現在台灣缺水，刷牙時要先把水關掉，還有，除非洗拖把再開大水，其他都開小水或中水就可以了。而且還叫她回去跟她媽媽說，要隨手關燈、拔插頭，不然北極熊都快沒有浮冰可以休息了。」

她一口氣說完一大串，然後盯著我看，注意我的反應。

我感動地點點頭，沒有多說什麼。

從這天起，妹妹就成了家裡的監督員，洗碗、洗水果、沖馬桶，都在她的管轄範圍內。她對自己和他人的行為也開始有更多觀察，知道這些行為不但為自己好，也跟整個環境息息相關。

思考的「觸媒」俯拾皆是

生活中，真的無時無刻充滿了思考的教材，而一切取決於我們對這些事情是否「有感」。

一個缺水議題，可以無止境地延伸討論生活習慣、水費設定的公平正義、動植物保育問題、水庫山坡的環保議題，甚至是世界另一端發生的搶水戰爭、發明隨身過濾汙水的社會企業興起……我們費盡心思追求的科學知識、人文觀察、哲學思考和國際世界觀，不知不覺地也都包含在其中了。

最令我動容和慚愧的，是孩子從不覺得自己的力量小，從不認為自己不能改變什麼而放棄。

若我們只有注重孩子是否對「自己的事情」負起責任，那叫自私，而不是真正的責任感，一旦孩子覺得這件事情與自己無關，便不會花費絲毫心力。

而當家長希望孩子的判斷永遠和自己一樣，這就是威權和衝突的另一種來源。

真正的責任感源於四面八方的生活，孩子覺得自己有能力改變什麼、瞧得起自己，就會關心那件事；而通常社會上沒有什麼事，是真的與自己毫不相干的。

於是，能力長出來了，責任感、榮譽感也隨之而來。

某一晚，台北市區下起綿綿細雨，氣溫也隨之驟降。

一早起床準備上學的妹妹，在我拉開客廳窗簾時高興地說：「媽媽，終於下雨了，希望山上水庫那邊也有下雨，這樣我們就不會缺水了。」

面對缺水危機，邀請孩子一起感受生活的真正挑戰吧，他們會比我們還要「雞婆」呢！

★思考的延伸……

- 再過二十幾年後，地球上的石油資源將完全耗盡，這並非危言聳聽的環保訴求，而是現在學齡孩子們長大後面臨的真實世界。跟孩子一起想想，沒有石油的話，有多少物品無法生產？生活的樣貌又有什麼劇烈的變化？
- 「無石油世紀」的經濟型態勢必有極大轉變，而隨之影響人類的工作方式也非你我可以想像，那麼我們現在培養的競爭力，也是以後的生存之道嗎？什麼才是真正解決問題的能力？做個有遠見的父母，這些才是需要替孩子思考的問題。

生活裡的每個選擇都深具意義

沒有買賣，就沒有殺害

看起來最慢的方法，也許才是最有效的方法

「Discovery頻道」或「動物星球頻道」的內容，相信都是家長眼中的好節目。

在了解動物和自然奧祕的同時，動物社會裡的規則、大自然現象的力量與無常，正是我們引導孩子思索生活議題或了解社會脈絡的敲門磚。而透過純然的自然動物世界進行討論，我們也不必擔心傳遞訊息時，會有所偏誤或過於複雜、敏感。

這個世界的惡，正不斷地下探影響我們的下一代，若我們不開始讓孩子們逐漸接

觸、逐步了解，那麼早在他們長大成熟之前，就已直接或間接受害。身為父母是無法保護孩子一輩子的，只有他們能為自己戰鬥，替自己的未來做抉擇，這是萬物生存、舉世皆然的法則。

還記得黑心油事件嗎？我們真的能替孩子做些什麼嗎？

「帶著他們思考」——這個看起來最慢的方法，也許才是最有效的方法。

小孩：「犀牛角到底誰在買啊？不是說治病沒效嗎？」

舉例來說，「動物星球頻道」播出的《終極盜獵》系列，就是豐富的討論題材。這個系列影片，主要是為了保育急遽減少的大象與犀牛而製作，最終希望對觀眾的終極呼籲是：「沒有買賣，就沒有殺害。」並邀請籃球明星姚明實際走訪非洲，擔任此呼籲活動的代言人。

我帶著妹妹一起參加了影片首映會。現場主持人告訴大家，全世界現在僅存八隻白犀牛，非洲人為了保護野生白犀牛，二十四小時派出荷槍實彈的保護小組守護著牠們。

然而幾天後，影片在電視上首播的時候，傳來了不幸消息：八隻裡又死了一隻，現在只剩下七隻白犀牛，離絕種之路只剩一線之隔。

看完電視上的報導，我們沉默地坐在沙發上。

「媽媽，難道犀牛角和象牙真有這麼多人想要嗎？到底誰在買啊？不是說犀牛角治病沒有效嗎？」妹妹忿忿不平地說。

「如果沒有人買，東西賣不出去，你覺得老闆還會想多弄一點象牙、犀牛角嗎？這就是金錢最恐怖的地方。有句話說：有錢能使鬼推磨，那些盜獵的非洲人也是冒著生命危險耶！」

好吧，有點答非所問，我繼續說下去好了。

「妹妹，你知道為什麼要請那個很高的中國籃球明星去非洲嗎？」

「嗯，因為他很有名？所以很多人會想看他？」

妹妹算是猜對了。

「有名的人很多啊！貝克漢跟英國王子也很有名，為什麼不是他們？」

妹妹想了想，搖搖頭。

「那是因為調查出來，世界上買最多象牙和犀牛角的是中國人，所以才選擇中國最有名的運動明星代言影片，只要中國人不買，那馬上就少了一半以上的數量。」

「那這樣還沒賣完的話，就不會有更多人要去打獵了對嗎？」妹妹把話接完。

「嗯，可以這麼說。因為只有亞洲人相信犀牛角可以治病，其他地區的人比較不相信，所以只要不買，就等於間接救了動物一命。」

動動腦，進行延伸討論

電視節目中「沒有買賣，就沒有殺害」的核心精神，還能繼續動腦，延伸到其他類別。

我問妹妹：「我們還可以用購買改變什麼事情？」

「我知道！還有魚翅也是這樣，然後不要買黑心油產品。還有，你上次帶我去的那個義賣，是可以讓尼泊爾老婆婆真的賺到錢的。」

雖然沒有使用專業名詞，但妹妹已經心領神會。

「對啊，我們可以用『消費』表達很多意見，也可以改變很多事情。雖然不一定馬上會看到、有感覺，可是絕對是有力量的。上次我們參加的義賣會是『公平貿易』，就是確保生產東西的人可以得到比較多的錢，繼續專心生產好東西。」

「公平貿易」這個詞講過好多次了，妹妹暫時還記不起來。

為世界種下一顆善的種子

同樣是藉由消費行為的「選擇權」，彰顯或實踐對某項議題的態度與立場，這點更可以與孩子一起擴大解釋，舉凡社會企業、綠色商品，這些都是消費者透過現今資本主義的經濟力量，而進一步產生影響力。

近一、兩年，台灣的食安問題特別多，關於網路發起的抵制行為，妹妹也略知一二，漸漸地對「品牌」開始有概念，有時候逛超市時多說兩句，告訴她這個牌和那個牌其實都是同一家老闆，哪些有公平貿易的標誌……點點滴滴的生活對話，把商業行為也帶進了討論裡。

奧修曾說：「你的生活就是你的訊息。」我們與孩子討論這些，並非要影響孩子生活中的什麼具體選項，而是告訴孩子，這個力量怎麼產生作用，以及擁有哪些力量。討論這些，也絕不會給孩子什麼壓力，讓孩子水到渠成地聽懂、想懂，那麼現在就可以把選擇權交給孩子本身。

電視與３Ｃ產品是敵，也能是友。不妨運用好的影片，加上跳脫時空的類比能力，帶領孩子開始思考、開始咀嚼身旁的大小事，孩子連結不同事件的能力，往往會超出你我的預期之外。

有一天，我們在路上遇見非政府組織「綠色和平」的募款員，妹妹看見最心愛的北極熊照片時停了下來，聽完十分鐘介紹後，我們決定成為每月固定捐款人，拿到了一枚綠色和平的徽章，靜靜地躺在妹妹的抽屜裡。

我很高興能在這世界上種下一顆善的種子，這就是為人父母對社會最重要的貢獻了。

★思考的延伸……

●嘗試開始貫徹「我的生活就是我的訊息」，重新檢視購物行為和生活習慣，我們怎麼樣能做得更好？若去除掉品牌，我們有其他標準決定該買什麼嗎？

●很多繪本裡的故事，實際上就發生在你我生活周邊，帶著孩子逛逛公平貿易的商店，我們的消費可以怎麼創造附加價值？

●選擇「不」消費的力量，可以改變什麼事？可參考「綠色和平」網站，或是各國非營利組織的各項行動報告，成功案例都是激勵人心的好故事。

※「綠色和平」網站：www.greenpeace.org/taiwan/zh。

肯定自我價值，開展生命寬度

我們能改變所有人嗎？

小孩：「為什麼不能好好講？」

某天放學時，妹妹告訴我學校有個「阿桑」很討厭，竟然在班上亂吼。乍聽之下，還以為怎麼有人闖入學校？後來才知道，她口中的「阿桑」是位資深的愛心媽媽。事情是這樣的——上課鐘響了，有幾個孩子動作比較慢，從操場走回來還沒進到教室，這位阿桑氣急敗壞地扯開喉嚨大叫：「你們一定要我用罵的是不是？」

也許孩子的轉述過於片段，事情還有上下文，但我實在想不透，對於剛入學的一年級新生，有什麼罪大惡極的行為需要這樣處理？

妹妹非常厭惡地說：「又沒有怎麼樣，一定要這樣罵嗎？」接著問我：「她為什麼不能好好講？」

說真的，我也不知道。

我猜，也許她覺得這樣的口氣，小朋友才會害怕。也可能她習慣這樣講話了，不管發生什麼事情，她都是這樣處理的。又或者她以前也被這樣對待；也許她心情不好……有很多種原因加總起來。但是這些都不是可以合理化的藉口。

總是大吼大叫的老師

回想起另一次妹妹遇到「大吼」的經驗，是她還在上幼兒園時，我帶她去參觀野柳海洋世界。

正逢暑假，不少安親班安排校外教學，小小的參觀空間裡，擠滿了一群又一群小朋友。原本就是密閉空間的地下室，充斥著導覽員此起彼落的麥克風聲音，其中最尖銳的，莫過於一位女老師聲嘶力竭的喊叫聲：

「某某某，你給我動作快一點！」

「叫你們大家讓個通道給別人走，沒聽到嗎？」

我和妹妹走得比較前面，但是妹妹想一個一個展品看得仔細，所以前進速度較慢。不知不覺間，這位女老師的團體已緊臨身後，「身歷其境」的音量實在讓人吃不消，而老師說話的口氣更是容易讓人上火。

果然，妹妹示意要我耳朵靠近她。

「媽媽，那個老師為什麼要大吼大叫？」她低聲抱怨。

「你覺得呢？」我沒好氣地反問妹妹。

「她可以好好講啊！又不是大聲，小朋友就會聽。這樣很吵耶，只會更不想聽而已吧！」

這時候，耳邊又傳來那位女老師的聲音：「來，現在我們要拍照，全部一起看我這裡……某某某，叫你看我這裡聽不懂嗎？趕快照完才能看下一個！」

反正可以重複進出，我立刻決定先出去，避開這群團體。

真的不要小看孩子

走去休息區的路上，我心中是很複雜的。

那位老師看來情緒緊繃，她很盡責地照顧孩子，不時還注意到有沒有干擾其他人。然而，這樣的表達和關懷方式，的確讓人不敢領教。那麼，到底是什麼讓她變成這樣的呢？我知道我們的孩子有很多時候，就是這樣被對待的。一時之間，我還困在不快的情緒裡，妹妹倒是安慰起我來。

「媽媽，你怎麼了？你在想什麼？」她拉拉我的手。

「喔，我在想你以前曾經因為黃老師而不想去上課的事情。黃老師是不是就像剛剛那個老師一樣？」

「嗯，對啊，就是講話跟罵人一樣，很大聲，我都受不了。」

「喔，那真的很辛苦。不過這樣的人好像還不少。」我回想自己的童年經驗，有感而發。

「對啊，我們不可能改變所有人，反正有人就是這樣。」妹妹緩緩地回應。

我心中有些驚訝，她什麼時候有這個結論的？

好吧！既然這樣，我們就順勢往下談。

「沒錯，那碰到了，該怎麼辦呢？上次你原本拒絕進教室上課，後來突然有一天就可以了，那時候到底發生了什麼事呢？」其實這一直是我心中未解的謎。

「媽媽，其實小朋友一點都不怕大吼大叫的老師。那時候班上同學每天都好吵，我覺得好煩，我在園長辦公室畫畫，都還可以聽到他們的聲音喔！所以後來我好像比較習慣了，不會感到那麼煩，覺得應該可以忍耐了。不過，還好後來就換老師，換了Mickey老師之後，我就很喜歡上學了。」當初絕口不提，事過一年後我才知道原來如此。

世界這麼大，一定有人喜歡你的

大概過了半年，電視上播出一位年輕藝人因為匿名惡意留言，遭受網路霸凌選擇自殺身亡的消息。這條新聞被大做文章，一連好幾天都還看得到後續發展，妹妹當然沒有錯過這件事。

「媽媽，我知道霸凌，但是網路霸凌是什麼意思？」

「就是在網路上做類似實際生活中霸凌的事，而且還能有更多方法，比如說傳照片啊、拍影片啊，散播謠言叫大家一起討厭你、嘲笑你啊，網路傳的力量很快，看的人更多，所以影響力更大。最可怕的是，你可能根本不知道那些人是誰，因為用綽號留言就可以了。」

「那這個人為什麼要自殺？」

「因為她看到有些人為了說她壞話而編的故事，覺得很傷心、難過，受不了就傷害自己了。」

「她可以不要去看，網路可以自己選擇啊！」妹妹仍舊不解。

「但因為她心裡已經受到影響，可能有點生病，所以無法控制自己不去看、不去想。妹妹，如果是你，你會怎麼想？」

「哎喲，就出國啊！世界這麼大，一定有人喜歡你的。」

六歲半孩子想也不想就一語帶過，聽到這話，不知怎麼地我開始杞人憂天。

只要有著獨一無二的自信

「妹妹，『有人喜歡你』這件事情很重要嗎？要有多少人喜歡你才夠啊？」

我假裝輕鬆聊天，但心裡其實緊張得要死。

「很重要啊，被人家喜歡的感覺很好。你第二個問題我聽不懂。」妹妹邊吃零食邊回答我。

「那只有爸爸、媽媽和家人喜歡你，其他人不一定喜歡你，這樣你會開心嗎？還是你希望大家都要喜歡你？」我換個方式再問一次。

「不會只有家人喜歡我，還有大自然也很喜歡我喔！」妹妹給了出乎我意料之外的答案。

「什麼意思？」我有點懂又不太懂。

「我覺得動物們都很喜歡我。喜歡我的，不一定要是人啊！這樣的話就有很多很多，就一定夠了。」

我點點頭，突然覺得眼睛很酸，說不出半句話來。

生命，就是一種肯定

妹妹發現我沒有反應，轉過頭來看我一眼。

「媽媽，你怎麼了？」

「沒有。媽媽以前很在乎別人喜不喜歡我，拚了命想贏得別人的稱讚，剛剛聽你說大自然和動物愛你，覺得很感動，媽媽從來沒有這樣想過。」

雖然聊天聊岔了，卻意外地療癒了自己。

「那現在呢？你還是很在乎嗎？」妹妹反過來問我。

「嗯，我還是很在乎，但是我知道別人的意見是一種參考，雖然可以讓自己更好，可是誰也沒辦法評價我，因為老天給我這個生命，就是一種肯定，我一定有自己的價值在。」我向妹妹吐露心聲，我可是費了好大的力氣才走到這裡。

妹妹滿嘴餅乾屑，在廚房門口朝我點點頭。是餅乾好吃，還是覺得她老媽很受教？

◎「六要」與「六不」

當我們與孩子討論自殺新聞時，本身就成為孩子獲取管道的「媒介」之一，因此，可參考以下原則，避免在討論時不小心傳遞錯誤訊息。世界衛生組織（ＷＨＯ）建議媒體報導自殺新聞的原則——「六要」與「六不」。

「六不」：

- 不要刊登出照片或自殺遺書。
- 不要報導自殺方式的細節。
- 不要簡化自殺的原因。
- 不要將自殺光榮化或聳動化。
- 不要使用宗教或文化的刻板印象來解讀。
- 不要過度責備。

「六要」：

●當報導事件時，與醫療衛生專家密切討論。
●提到自殺時，用「自殺身亡」而不要用「自殺成功」這樣的字眼。
●只報導相關的資訊，且刊登在內頁而非頭版。
●凸顯不用自殺的其他解決方法。
●提供與自殺防治有關的求助專線與社區資源。
●報導危險指標，以及可能的警訊徵兆。

★思考的延伸……

●父母是否也常用「他人評價」來規範孩子的行為？如：「要是你再不乖，就沒有人會喜歡你了」、「要是你不聽話，就會讓我覺得很失望」……這是否鼓勵孩子以他人觀感做為判斷準則？這有什麼風險呢？

國家圖書館預行編目資料

被禁止的事——所有「不可以」，都是教孩子思考的起點／羅怡君著
--初版.--臺北市：寶瓶文化, 2015.8
面； 公分.--(catcher；77)
ISBN 978-986-406-021-4(平裝)
1.親職教育 2.親子溝通

528.2 104011550

catcher 077

被禁止的事——所有「不可以」，都是教孩子思考的起點

作者／羅怡君

發行人／張寶琴
社長兼總編輯／朱亞君
主編／張純玲・簡伊玲
編輯／丁慧瑋・賴逸娟
美術主編／林慧雯
校對／丁慧瑋・劉素芬・陳佩伶・羅怡君
業務經理／李婉婷
企劃主任／艾青荷
財務主任／歐素琪 業務專員／林裕翔
出版者／寶瓶文化事業股份有限公司
地址／台北市110信義區基隆路一段180號8樓
電話／(02)27494988 傳真／(02)27495072
郵政劃撥／19446403 寶瓶文化事業股份有限公司
印刷廠／世和印製企業有限公司
總經銷／大和書報圖書股份有限公司 電話／(02)89902588
地址／新北市五股工業區五工五路2號 傳真／(02)22997900
E-mail／aquarius@udngroup.com
版權所有・翻印必究
法律顧問／理律法律事務所陳長文律師、蔣大中律師
如有破損或裝訂錯誤，請寄回本公司更換
著作完成日期／二〇一五年四月
初版一刷日期／二〇一五年八月
初版二刷日期／二〇一五年八月
ISBN／978-986-406-021-4
定價／三〇〇元
Copyright©2015 by Lo I-Chun
Published by Aquarius Publishing Co., Ltd.
All Rights Reserved
Printed in Taiwan.

AQUARIUS 寶瓶文化事業

愛書人卡

感謝您熱心的為我們填寫，
對您的意見，我們會認真的加以參考，
希望寶瓶文化推出的每一本書，都能得到您的肯定與永遠的支持。

系列：Catcher 077　**書名：被禁止的事——所有「不可以」，都是教孩子思考的起點**

1. 姓名：__________ 性別：□男 □女

2. 生日：____年____月____日

3. 教育程度：□大學以上 □大學 □專科 □高中、高職 □高中職以下

4. 職業：__________

5. 聯絡地址：______________________________

聯絡電話：__________ 手機：__________

6. E-mail信箱：____________________

□同意 □不同意 免費獲得寶瓶文化叢書訊息

7. 購買日期：____ 年 ____ 月 ____日

8. 您得知本書的管道：□報紙／雜誌 □電視／電台 □親友介紹 □逛書店 □網路 □傳單／海報 □廣告 □其他

9. 您在哪裡買到本書：□書店，店名__________ □劃撥 □現場活動 □贈書 □網路購書，網站名稱：__________ □其他__________

10. 對本書的建議：（請填代號 1. 滿意 2. 尚可 3. 再改進，請提供意見）

內容：__________

封面：__________

編排：__________

其他：__________

綜合意見：______________________________

11. 希望我們未來出版哪一類的書籍：____________________

讓文字與書寫的聲音大鳴大放

寶瓶文化事業股份有限公司

（請沿此虛線剪下）

廣　告　回　函
北區郵政管理局登記
證北台字15345號
免貼郵票

寶瓶文化事業股份有限公司　收

110台北市信義區基隆路一段180號8樓

8F,180 KEELUNG RD.,SEC.1,

TAIPEI.(110)TAIWAN R.O.C.

（請沿虛線對折後寄回，或傳真至02-27495072。謝謝）